U0645003

# 极简育儿法

[韩]申惠永◎著 盛辉◎译

人民东方出版传媒
People's Oriental Publishing & Media
东方出版社
The Oriental Press

图字：01-2021-6635

힘 빼고 육아
Copyright © 2021, Shin Hyeyeong
All Rights Reserved.
This Simplified Chinese edition was published by The Peoples Oriental Publishing & Media Co., Ltd.in 2022 by arrangement with Uknowbooks through Arui SHIN Agency & Qiantaiyang Cultural Development (Beijing) Co., Ltd..

**图书在版编目（CIP）数据**

极简育儿法 /（韩）申惠永著；盛辉译. ––北京：东方出版社，2022.2
ISBN 978-7-5207-2514-9

Ⅰ.①极… Ⅱ.①申… ②盛… Ⅲ.①儿童教育 – 家庭教育 Ⅳ.①G782

中国版本图书馆CIP数据核字（2021）第258387号

极简育儿法
（JIJIAN YUERFA）
申惠永 著 盛辉 译

策划编辑：鲁艳芳
责任编辑：杨朝霞
出　　版：东方出版社
发　　行：人民东方出版传媒有限公司
地　　址：北京市西城区北三环中路6号
邮政编码：100120
印　　刷：北京联兴盛业印刷股份有限公司
版　　次：2022年2月第1版
印　　次：2022年2月北京第1次印刷
开　　本：880毫米×1230毫米　1/32
印　　张：6.625
字　　数：126千字
书　　号：ISBN 978-7-5207-2514-9
定　　价：49.80元
发行电话：（010）85924663 85924644 85924641

版权所有，违者必究
如有印装质量问题，请拨打电话：（010）85924725

# 前　言

## 懂得适度放手才能轻松育儿

一天夜里，儿子已经上床准备睡觉，突然对我说："妈妈，我爱你。"这甜蜜的告白让我的嘴角悄悄上扬。

我赶紧趁热打铁地问道："儿子，那在这个世界上你最喜欢谁？"

儿子毫不犹豫地回答："这个世界上我最喜欢我自己。"

听了他的回答，我有点蒙了。

真没想到儿子会这样说！这感觉就像是在等红灯的时候，毫无防备地被后车狠狠地撞了一下。

"原来这个世界上你最喜欢你自己呀……"

原本想听儿子说"最喜欢妈妈"的……我的内心瞬间狂风大作。

儿子早已进入甜美的梦乡，而我却躺在床上久久不能平静，眼睛直勾勾地盯着黑漆漆的天花板，像要把天花板盯出个洞来。

"原来你最喜欢的人是自己。"

过了一会儿，我原本不平静的内心变得平和，似乎肩膀上因为"妈妈"这个身份而产生的压迫感也一下子减轻不少。那个瞬间我变得非常轻松。原来这个世界上最喜欢的人可以是自己啊！虽然无可厚非，但是我却有了挫败感。

不到十岁的儿子都明白的道理，我竟然到了这个年龄都没想明白。突然，我像安了弹簧似的从床上跳起来，激动地往脸上涂着维他命精华。

"从现在开始我也得多关注一下自己了。"

我想明白了一件事，那就是育儿的过程中需要适度放手。这和当初我经过 16 个小时阵痛后，3.8 公斤的儿子离开我的身体，来到这个美丽的世界是一样的。生孩子的时候不是越使劲越好，妈妈只有放轻松，不要过度紧张，孩子才能安全地降生。当时我真是使出了吃奶的劲，用力的瞬间孩子的小脑袋瓜从我的骨盆中露了出来。从那之后，"呼——呼——呼——"深呼吸，对我来说是最有效的释放紧张情绪的方法。

这种方法对于说出这个世界上最喜欢自己的儿子也同样适用。我以后也要像儿子说的那样爱自己，在育儿的过程中学会适度放手。

　　其实，育儿和开车挺像的。当握住方向盘的那一刻，不知不觉就会感到不安和恐惧。开车这件事不是说自己开得好就行。对面驾车的卡车司机，如果疲劳驾驶三秒钟就能走上黄泉路。原本车况还不错的车，不知道什么时候就会亮起紧急信号灯，也许还会被暴雪淹没。不可否认的是，我们无法预测每次开车的时候是否会遇到什么不测。

　　育儿也一样。睡得香甜的孩子不知什么时候就会出现状况。谁都无法预测一年、五年、十年以后会发生什么。看起来乖巧懂事的孩子不知何时就会性情大变，之前还总是说着"妈妈，我爱你"的小嘴也许会突然冲我大喊大叫，甚至爆粗口。就像我七月份给儿子买的运动鞋，夏天一过就再也穿不进去了，我这个新手妈妈怎么也预测不准儿子脚丫子生长的速度（我从来不给儿子买正码的鞋子，都会买大一尺码的，但儿子脚丫的生长速度总会超出我的预想）。

　　自从决定奉行极简育儿法以后，我就开始更多地关心自己。首先是摆脱别人的眼光。之后开始一点点"放权"，和儿子商定哪些事是他应该自己做的，哪些事是他需要满足我的要求的。前提是，所有的划分标准都需要符合我和儿子对幸福的定义。由此，我和儿子的生活变得和谐起来。这所有的变化都源于那天晚上儿子说的话。

　　人生的主角是我自己，连儿子都支持我。肯定自己之后，我和儿子的关系更加亲密。我开始尊重自己的选择，享受适当的自由。

爱是没有冷却期的。把平时对孩子的那些唠叨反过来对自己说，通过提高自己来改变孩子。人们常说"言传身教"，但我觉得"身教"要比"言传"更有效果。通过实践，我和儿子共享彼此幸福的生活。

一转眼，儿子已经是五年级的小学生了，他每天都会亲我五口。为什么是五口呢？儿子说那是因为他五年级了。我们约好，等他明年升入六年级之后，他就开始每天亲我六口。

生完孩子变成妈妈以后，我感觉自己的人生变得很混乱，每天都在为育儿烦恼。但当我决定先从爱自己（不是只爱自己）做起以后，我的生活变得五彩斑斓起来。

养育过孩子的妈妈们都知道，育儿的过程不仅仅是在养育孩子，其实孩子也在让我们不断成长。

在这个过程中最重要的是妈妈不要过度紧张，要放轻松，只有这样，自己才能越来越幸福。放下那毫无意义的使命感和责任感吧，幸福的妈妈才能养育出幸福的孩子。

如果您觉得育儿很难，不妨试试极简育儿法吧！

极简妈妈　申惠永

# 目录

CONTENTS

## 第2章 减少育儿苦恼的选择与平衡

极简育儿的方法

# 第4章 妈妈和儿子各自的幸福时光

极简育儿探寻自我生活

# 第 **1** 章

## 育儿过程也能放手吗？

### 什么是极简育儿法？

# 主角是自己

从幼儿园接到儿子后，我们一起去了趟超市。我轻车熟路地把两盒一升装牛奶、一大包方便面、一袋速冻饺子、一袋黄豆芽、几袋饼干、一份三连包的益生菌、一袋洋葱、一捆大葱、一块豆腐和几样副食品放到购物车里。

"为什么每次购物回家时都这么难停车呢？"

我忍不住抱怨，结果没留神，差点与车门来个"亲密接触"。好不容易在离小区八丈远的地方停好车，拎着沉甸甸的购物袋往家里走，我手麻得已经没了知觉。

"手上肯定勒出红印了。"我心里这么想着，茫然地望着电梯楼层显示器，等着电梯从 16 楼下来，心中祈祷千万不要中途停下。这次很幸运，电梯直达一楼。"叮"的一声，门开了。我猝不及防地与电梯镜子中的自己打了个照面：肩膀上挂着儿子的书包，手中拎着满满两个购物袋，腋下还夹着一个摇摇欲坠的手包。

那一瞬间我猛地回过神来，不禁自问："嗝……你这是干什么呢？"

由于双手被占满，所以让儿子替我打开了家门的密码锁。

"嘀嘀嘀嘀嘀，嘀嘀，咔嚓。"

门开了。啊，终于到家了。一进门，我就甩掉了一直很爱惜的皮鞋，把两大袋子东西直接扔到地板上。儿子的书包从肩上滑脱，腋下沾满汗水的手包也掉了下来。此时，我已经无暇顾及手包里新买的粉饼了。我一头栽倒在床上，心想：刚买的速冻饺子和牛奶就先扔地上吧，就当把它们忘了。我心情一落千丈，如同坠入了深不见底的河。束缚我的绳索终点在哪里呢？我不会就这样无休止地继续坠落下去吧？

"我现在也得变得硬气一些了。"

## 摆脱妈妈的义务感

第二天早上到了儿子上学的时间，他像往常一样穿好鞋，打开门，先走到了外面；而我只拿着车钥匙和手机跟在后面。

"妈妈，我的书包呢？"

"什么书包？"

"你没拿我上幼儿园的书包吗？"

"那个书包是谁的呢？"

"当然是我的了。"

"那么，从现在开始你的书包你自己来背。妈妈负责妈妈的，你负责你的，OK？"

我站在儿子面前第一次强硬地表达了自己的想法。其实我有些担心会伤害到他，但还是下定决心一定要强势，不可服软，所以坚决没有回去给他取书包。

儿子返回屋内，不一会儿背着自己的书包走了出来。他似乎感受到了我的言行与之前有些不同。他刚刚看到我眼中的坚决了吗？

"啊，不管了……我不是超人。你的书包你自己拿，不愿意拿就干脆扔掉！"我在心中呐喊。

从那以后，儿子开始自己背着书包上下学。在这之前，他似乎把我有些过度的溺爱行为当成是妈妈应该做的事情。

## 让孩子做力所能及的事情

有一次，在超市购物结束后，我边下车边叫住儿子，他两手空空正往小区门口走。

"儿子，今天买的这些东西都是给妈妈吃的吗？"

"不是呀。"

"你也要吃吗？"

"当然了。"

"那么，你是不是也应该拿一些呢？"

"好的。"

"你拿了几个包？"

"一个。"

"妈妈拿了几个包？"

"三个。"

"妈妈三个，你只有一个。现在妈妈将选择权交给你，你要帮妈妈拿包，还是拿购物袋？"

儿子闻言抢过我夹在腋下的手包，在他眼中这个手包似乎是最轻的。

就这样，我们开始各司其职。

## 极简育儿说

妈妈做妈妈该做的，孩子做孩子该做的！让孩子做力所能及的事情，在他们心中种下自立的种子。如果想培养出体贴的孩子，那么先要把他培养成懂得照顾妈妈的孩子。体贴是自学不了的，孩子需要从父母、家庭那里习得。父母需要从小事开始教起，让孩子学会关怀别人。

儿子似乎把我有些过度的溺爱行为
当成是妈妈应该做的事情。

## 要相互尊重对方的时间

儿子的体力真好。不知道是因为他的体力本身就比同龄的孩子好，还是因为我上了年纪体力有所下降。虽然不满十岁的孩子体力还赶不上我，但我总觉得很多时候会力不从心……所以我开始每天喝红参、蜂胶和乳酸菌等养生食品。

我开始明白为什么有那么多老年人会因为养生问题而上当受骗了。因为我发现电视购物节目如果介绍养生食品的话，我也会不知不觉地被吸引。而且到了我这个年龄，朋友间送的礼物也不再是化妆品、围巾，取而代之的是养生食品。

晚上是最令我头疼的，我唯一的愿望就是儿子能快点睡觉。

"儿子，几点了？"

"八点半。"

"咱们几点上床睡觉呀？"

"九点。"

到了九点。

"儿子，该干什么了？"

"妈妈，我想看书。"

不喜欢看书的儿子这么说，说明他还不想睡觉。

"好吧，我给你读。"

然而，我怎么可能乖乖地一直给儿子读书呢。

"我已经给你读了两章，你是不是也得给妈妈读一点呀？"

就这样，我们母子俩在友好的氛围里结束了读书环节。但是，千万不要被假象所迷惑。我给儿子报跆拳道班，是希望他能早点睡觉。然而刚开始的时候，可能训练量大，他胃口大开，力气大了不少，都能从体育馆溜达回来了，但早睡的效果却一丁点都没看到。

"再这样下去的话，是不是得考虑把他送到更加消耗体力的地方去呢？"

练习跆拳道的初衷是希望能让孩子早点睡觉，结果效果微乎其微。

## 和孩子说话要坦诚

"儿子，想要长成大高个儿是需要早睡的，这个道理知道吧？"

类似这种话他早就听腻了。

如果我说:"儿子,妈妈太累了,先睡了。"

他会很快看出来真假。我确实有时候会因为真的很累,说完之后就先睡觉。孩子会通过妈妈的语气、妈妈说话声音的大小、妈妈的表情等多方面来判断妈妈的劳累程度。

最终我也没有想到好方法来解决儿子晚上睡觉难的问题,所以索性就和他实话实说。

"儿子,妈妈希望你早点睡觉。因为只有等你睡了,妈妈才能看书、写文章。但如果你继续这样不睡,妈妈只能越来越急躁,上床睡觉的时间也会越来越晚。妈妈上床睡觉的时间一晚,早上就会起晚,你上学就会迟到,那样的话妈妈会很伤心的。所以妈妈希望你现在就睡觉。"

这是百分百的大实话。

"妈妈,那你现在就去写书吧。"

"真的吗?你可以自己睡吗?"

"可以的。稍微打开一点房门就行。我一会儿就睡。妈妈现在就可以去做自己的事情。"

对儿子的话,我虽然持保留态度,但也没有多说什么。虽然我很开心,但还是很冷静地和他说:"谢谢你,儿子。如果你害怕的话随时来找妈妈。宝贝,晚安。"

按照儿子的要求,我把房间门稍微打开了一点,然后在餐桌上开着盏台灯开始写作。虽然有时会从房间里传出儿子和玩偶对话的声音，但我也不打扰他。不一会儿，我终于听到了最想听到的声音。

"呼噜噜——"

"哦，谢天谢地！"

从那以后，我决定做一个诚实的妈妈。因为孩子更喜欢、更能理解坦诚的妈妈。

## 心疼妈妈的孩子

因写作到凌晨而起晚的某一天早上。

"妈妈，该起床了。"

天哪，已经八点多了。我真是要疯掉了。虽然晚起的情况并不常出现，但一年也得有那么一两次。

"怎么才叫醒妈妈呀？儿子，对不起，妈妈这就去做饭。你想吃什么？"

"妈妈，没关系的。你昨晚好像工作到很晚，所以我特意没有叫醒你。"

看来儿子把我说过晚上要工作到很晚的话，听进去了。但是，那天晚上我是看电视了，是和朋友聊天了，还是网购了，儿子却不得而知。我绝对不会留下任何痕迹。餐桌上一直放着一台处于工作状态的笔记本电脑，一本翻开的书、一本笔记本、一支三色笔，还有一个咖啡杯，这些能够证明我也曾享受过属于我自己的幸福时光。

## 极简育儿说

希望不要因为孩子而影响妈妈们的生活。经常能看到因为工作而对孩子感到抱歉的妈妈们。工作绝对不是需要抱歉的事情。妈妈们为什么要对自己想做的事情，能够创造美好未来的事情而产生负罪感呢？

孩子们是看着父母长大的。父母有梦想，孩子们才会拥有比父母更远大的梦想。一定要让孩子们看到，作为父母的我们也有自己的梦想。

我决定做一个诚实的妈妈。因为孩子更喜欢、
更能理解坦诚的妈妈。

# 妈妈的语气关乎孩子的品性

儿子站在冰箱门前笑着对我说:"我要吃雪糕。"

"好的,请享用。"我微笑着说。

有时,也会出现这样的场面。

"我要吃雪糕。"儿子同样是笑着对我说。

"竟敢和我这样说话?"

我眉头一皱,眉毛上扬,开启了礼节雷达,扫描孩子所说的每一句话是否都有礼貌。

"我可以吃雪糕吗?"儿子马上小心翼翼地问道。

"可以。"我立即通情达理地回答。

## 说话不受心情影响,避免孩子迷惑

我真是个幼稚的妈妈。

虽然儿子对我的脾气有一定的了解,但我是非常了解自己存在的问题的。我真是有些幼稚了。同样的情况，同样的动作，同样的话，因为我心情的好坏，儿子受到了不同的对待。心情好的话，儿子和我怎么说都没有问题；心情不好的话，即使儿子说话很客气，我也会批评他。我似乎是做了让儿子产生迷惑的行为。

不能继续让儿子产生迷惑了。孩子怎样说话不能再根据我的心情来决定了，要根据实际情况来确定。

我需要一个相对柔和的解决方案。深思熟虑之后，我想到了一个办法，并付诸实践。

"我要吃雪糕。"儿子边笑边说。

"天哪！"我故意装出很吃惊的样子，"刚刚您和我说话的时候没有用礼貌用语是吧？您是哪位？您认识我吗？我儿子可不会这么没礼貌地和妈妈说话。"

"哎呀，妈妈！我可以吃雪糕吗？"儿子非常不好意思地向我撒娇道。

"当然可以了。敬请享用。"

我故意使用礼貌用语，是为了让儿子知道妈妈对他的尊重。虽然告诉孩子要使用礼貌用语，但现实生活中很难找到可以让孩子身临其境的场景。过去是几代人一起生活，孩子自然而然就能学会使用礼貌用语。在农村生活也一样，孩子看到大人有礼貌地和老人说话，他们也就跟着学会了。但是现在孩子的生活是怎样的呢？孩子很少看到，也很少听到大家使用礼貌用语，所以很难适应。难道礼貌用语对于现在的孩子来说，仅仅是语文课本中学到的那点内容吗？当然不是。

## 日常生活中教会孩子使用礼貌用语

因此，我开始对孩子使用礼貌用语。当然了，也并不是经常使用。但我坚信，平时在家里对孩子使用礼貌用语要比使用英语对孩子的帮助大。

"今天您在幼儿园过得好吗？"我和刚从幼儿园回来的儿子打招呼。

"请用餐。"我和正玩得不亦乐乎的儿子说道。

"晚安。"

"睡个好觉。"

睡觉的时候，我经常会和儿子说这两句话。

虽然不总是和儿子使用礼貌用语，但是我也在努力偶尔使用。与其说是为了放低自我，抬高儿子，倒不如说我是在为了尊重儿子而努力，同时也是在教会孩子使用礼貌用语。

经过一番努力，我下班回来，儿子会对我说："妈妈，您今天工作还顺利吗？"

## 极简育儿说

对那些从小学过礼貌用语的孩子来说，让他们特意和父母、师长有礼貌地说话有时会显得不自然。有的父母觉得孩子和自己说话太有礼貌会产生距离感，虽然我理解他们的想法，但使用礼貌用语就像人际关系中的一张文凭，非常重要。

# 培养孩子的责任感

我上课的时候，儿子打来了电话。

"我们先暂停一下，老师的儿子给老师打来了电话，我可以接一分钟电话吗？"

"好的。"

我接起电话，问："怎么了，儿子？"

"妈妈，今天珉瓒可以来咱们家玩吗？"

"当然可以了。但是珉瓒妈妈同意他去玩吗？"

"我正要给珉瓒妈妈打电话呢。"

"好的，知道了。妈妈正在上课，先挂了哈。"

"好的，妈妈。"

我刚挂断电话，学生们就好奇地问道："老师老师，您儿子才上一年级，您就给他买手机了呀？"

"没有，没给他买。"

"那他怎么给您打的电话呢？"

"因为托管班有呀，他用托管班老师的电话打的。"

我向充满好奇的学生们展示了写着"托管班"字样的来电显示。

"啊……"

学生们纷纷点头，似乎我刚刚解开了他们很大的疑惑，然后他们说道："好羡慕老师的儿子呀！"

"为什么会羡慕呢？"

"我妈妈坚决不让我的朋友来家里玩。"

"我妈妈也一样。"

"那她们肯定有她们的理由。"

其实我心里在说：孩子们呀，老师儿子的朋友即使来了老师家，老师也不会让他们在家里闹翻天的，所以老师才答应的。

儿子的朋友来家里玩，我一般都会让他们去游乐园玩。

所以，家附近一定要有可以供孩子们玩耍的地方。我觉得孩子们就得跑着玩。而且，绝对不允许他们玩手机。因为让朋友来家里玩的初衷是一起玩耍，而不是一起玩手机。

## 自己的玩具自己整理

在朋友回家之前，让他和自己一起整理玩过的玩具是儿子坚持的原则。因为他知道，如果就这样让朋友回家，那他只能自己收拾玩具。而且，他认为一起收拾玩过的玩具也是作为朋友应尽的义务，所以他会理所当然地和朋友提出这个要求，根本不需要我多言。我只需准备儿子和他朋友的饭菜及零食即可，之后就可以回到房间尽享自己的幸福时光了。

儿子的朋友来家里玩还有一个原则，那就是不可以妨碍我，他们不可以进入我的房间。如果他的朋友想喝水，或者有其他需求，只要在儿子能够解决的问题范畴内，我都不会直接去处理，这些都是儿子需要负责的事情。理由很简单。

"儿子，珉瓒是谁的朋友呀？"

"我的朋友。"

"那谁应该负责招待呢？"

"我。"

"回答正确。妈妈会为你们准备饭菜和零食，因为这些是你们还做不了的事情，但其他的事情就得你自己来处理了。"

"好的，知道了。"

## 独立的孩子给予妈妈的自由时间

儿子在招待朋友的时候，我可以回到房间喝喝茶，睡睡美容觉，看看书，玩玩手机，和朋友聊聊天……充分享受属于自己的自由时间。

　　其实，如果不是有这么多好处，我也不会让儿子的朋友来家里玩。但也有意外的时候，那就是冰箱里空空如也。此时我会酷酷地拿起电话，向电话另一端说："老板，来份半调味半原味的炸鸡。"

## 极简育儿说

　　每个家庭的家庭文化和生活方式不同，因此去朋友家玩成了可以亲身体验并学习不同文化的机会。和朋友家的长辈们见面聊天可以学习并熟悉一些礼仪规范。所以，放心地让孩子们去朋友家玩吧，也开心地欢迎孩子的朋友们来家里玩吧。

　　和过去说再见吧，不要生气。唠叨是习惯，生气是习惯，全都是习惯问题。让我们养成不唠叨的习惯、装作看不见的习惯，理解孩子们的习惯吧。

# 不要害怕让孩子独立做事情

孩子们快放假的时候（即使还没到放假时间），各大影院就开始上映动画片。儿子就像有神通一样，对新上映的电影信息了如指掌，真好奇他是怎么知道的。

因为他想看，所以会邀请我说："妈妈，18号《精灵宝可梦》就上映了。"

我心想：好吧，我会陪你看的。

想法是好的，但我并不喜欢看动画片。如果是曾经和孩子去过电影院的父母，在这件事情上基本都会产生共鸣。和孩子一起坐在电影院里往往会出现这样的场面：孩子深深地被电影吸引，而家长基本全都在看手机。谁都没有因手机发出的光线而不满，因为大家的心情是一样的……

## 孩子可以自己去电影院看电影吗？

我们接着说有关电影的话题。儿子邀请我一起去看《精灵宝可梦》，我对他说："儿子，想看《精灵宝可梦》是吧？可是妈妈真的不喜欢看这部电影，觉得既浪费时间，也浪费钱。有没有什么好方法来解决这个问题呢？"

"我也不知道。"

"你看咱们这样做怎么样？妈妈带你去电影院，你自己进去看电影，妈妈在外面等你。当然，我会送你到座位那里，等电影结束了我再带你回家。你觉得怎么样？想好之后再告诉我。"

不一会儿，儿子对我说："妈妈，那你得陪我到我说你可以走为止。"

"好的，没问题，就这么定了。"

我们顺利地达成了共识，向目的地电影院出发。儿子的书包里装着他最喜欢的爆米花和可乐。我的包里放着我要喝的水、两本书以及笔记本电脑。到电影院后我们先去取了票，然后来到了检票口。我对检票人员说："只有孩子看电影，我可以把他送到座位那里再出来吗？"

检票人员亲切地回答道："好的，没问题。"

我和儿子来到了座位处。为了方便他吃，我把爆米花袋子和可乐帮他打开了。电影还没有正式开始，正在播放广告。这时，儿子说："妈妈，你现在可以走了。"

"这么快？你自己真的可以吗？"

进入放映厅还不到一分钟，孩子肩膀上的紧张感就消失得无影无踪，之前僵硬的表情也不见了，完全看不出紧张和害怕。

"好吧，既然是你亲口说的，那我就相信了。"

"儿子，别担心，妈妈还会来这里的。电影结束后，你要原地不动，等着妈妈来接你。如果中途想妈妈了，或者害怕了，你就从咱们刚刚进来的那个门出来就行。妈妈会在门前的桌子那里看书。不要担心哈。"

"好的，知道了。"

表面上看我是在和孩子说不要担心，实际上也是在和自己说，因为我已经开始隐隐地担心了。但我还是和孩子约好之后原路出来了，放映厅前面有桌子，还有软乎乎的椅子。电影马上就要开始了，放映厅里很安静。如果不是有爆米花的味道，会有一种在图书馆的感觉。在孩子独自看电影的 90 分钟时间里，我在看书，因为不是很难懂的书，所以很快就读完了，并将重要的内容整理到了电脑里。真没想到周末的早上竟然可以享受到此种乐趣。儿子，你最近真是长大了不少！我心中瞬间充满了感动。

## 孩子的满足，妈妈的轻松

在电影结束前的 1—2 分钟，我悄悄地走进放映厅。等开始播放字幕的时候，我和工作人员一起走了进去。儿子正在那儿聚精会神地观赏着，表情相当享受。

"怎么样？自己看电影害怕吗？电影有意思吗？"

"嗯嗯，没害怕，电影很有意思。下次我还可以自己看电影。"

"真的吗？多亏了我的宝贝，妈妈在外面看完了两本书。现在妈妈创作的灵感呼呼往外冒。谢谢你儿子，这都是因为你很勇敢。"

和儿子手牵手往外走，我突然想起件事，问道："儿子，刚刚你吃的爆米花和可乐呢？"

儿子把书包拿给我看，露出了"竟然小瞧我"的表情，说："在这里呢。"

原来，儿子把叠得整整齐齐的爆米花包装袋和喝完的可乐瓶一个不少地放在书包里了。

## 极简育儿说

　　虽然总是和孩子说别担心，但实际上父母徒劳的担心会更多一些。如果孩子到了可以独自做事的年龄，那就一定要放手，让他们自己做。当然，地点得安全，比如说电影院或者图书馆。孩子们在看他们喜欢的电影或者书籍的时候，父母也可以做自己喜欢的事情，这就是极简育儿法所追求的。

进入放映厅还不到一分钟，
孩子肩膀上的紧张感就消失得无影无踪。

# 培养孩子独立处理问题的能力

三月份的一天早上，我去阳台晾衣服时发现孩子竟然没带室内鞋去学校。我和儿子都把星期一需要带室内鞋的事情给忘了。

这是我的失职，作为一年级小豆包的妈妈，我竟然连这件事情都忘记了，内疚感油然而生。孩子在学校没有室内鞋去不了卫生间怎么办？去不了食堂怎么办？

一想到孩子一整天都得穿着袜子在学校活动，我十分焦虑，赶紧拿着室内鞋往儿子学校赶。我感觉没有必要因为这件事情麻烦老师，所以就悄悄地将鞋放在了教室后门处专门放鞋子的地方，心想：这样肯定会有人看到，然后把鞋子拿给儿子。

当晚，儿子回来笑嘻嘻地问我："妈妈，你今天来我学校了吧？"

"我去了吗？没印象了呢。"

"我知道妈妈去学校了。因为敏锡把室内鞋给我了，我早上明明忘记带了。"

"以后星期一千万别忘了带室内鞋哈，记住了吗？"

"记住了。"

"千万别忘了带室内鞋。"这话既是对儿子说的，也是对自己说的。

## 孩子并不会如想象般不安

虽然反复提醒自己千万别忘记给儿子带齐物品，但没过多久，类似的事情又发生了。那是六月份的某一天。

"哎……这次怎么办呢？"

看着落在家里的室内鞋，我在犹豫这次是否要给儿子送去，最终自私战胜了不安："不管了，就这样吧。"我极力在给自己找理由，我是个职场妈妈，职场妈妈一般上班都早，没有机会给孩子送鞋子，不送也是人之常情……最后我没有去给儿子送鞋。虽然上班路过儿子学校，但我就当没看见直接走过去了。

当晚，我问儿子："儿子，今天你的室内鞋怎么会在阳台上呀？"

"我又忘记带了。"

"原来是这样啊。那你今天怎么去的卫生间呀？"

"我穿英敏的鞋子去的。"

儿子回答道，一点都看不出来没带室内鞋是什么重要的事情。

"好的，那今天只洗袜子就行了。本来我还在担心，看来我的宝贝儿子自己化解了危机。我可以放心了。加油，儿子！这次是妈妈多虑，现在你自己已经能够解决问题了，从现在开始，我要更加信任你了。"

## 极简育儿说

无法相信孩子自己能够解决问题并不是因为孩子们不值得信任，而是妈妈缺乏对孩子的信任。其实这和我们吃东西是一样的道理，如果我们的肚量小，那么摆在我们面前的美食再多，我们也吃不进去。同理，如果我们缺乏对孩子的信任，就会限制他们的成长。

# 孩子的成长离不开妈妈的信任

这天,儿子并没有像往常一样早早起来。已经八点多了,再不起来就来不及了。我轻轻地摸摸儿子的脸蛋和小脑袋瓜,捏捏他的小胳膊小腿儿,儿子吃力地睁开了眼睛。

"儿子,得起床了哟,再不起来你可能就得迟到了。"

"妈妈,我起不来了,今天不去上学行吗?"

"哦,看来我家儿子不喜欢去学校了呀,是因为太累了吗?"

其实我想说:即使你不去学校,妈妈也得去上班,你自己在家行吗?如果你自己在家的话,午饭吃什么?如果你要自己一整天在家的话,妈妈得多担心?你这像话吗?

虽然内心万马奔腾,但我还是忍住了,深呼吸三次。

"是的。妈妈,我很累,今天不想去上学了。"

"好的,知道了。妈妈先给你洗脸吧。"

遇到此类情况,可以把孩子当成国王一样对待。如果像平常似的非让他起来洗漱、穿衣、吃饭，也是徒劳，还很容易激怒他，进而激化矛盾。

## 孩子喜欢理解自己的妈妈

"早餐想吃什么？看你没什么胃口，给你弄点苹果吃吧。"

"行。"

孩子洗漱完之后，我喂了块苹果给他，然后帮他把睡衣脱下来，又给他穿上了袜子、裤子和 T 恤，还给他梳了头、涂了防晒霜。我什么话都没说，又给他按摩了肩膀并亲了亲他。儿子也没说话，吃完苹果背着书包就走出了家门。

和往常不同的是，儿子也给我按摩了下肩膀，然后对我说："我上学去了，妈妈，我爱你。"

"好好上学，儿子，妈妈也爱你。"

"儿子，你又长大了，今天早上很帅哟。"

随着孩子一天天长大，我们就会发现保持理性是非常重要的，这有利于维持良好的亲子关系。

孩子和妈妈间的距离靠什么来缩小？孩子因为累了想多睡一会儿不想去上学，这时谁叫他起床他都有脾气。其实此时妈妈只要假装成用人，不多嘴，多为他服务就可以解决问题了。孩子会二话不说地做他该做的事情。其实孩子很清楚自己该做什么。

父母只需要相信孩子即可。不要怀疑自己的孩子,也不要让孩子看出来我们的不信任。我们的信任有多少,孩子的成长就会有多少。

## 极简育儿说

在育儿的过程中我们可以尝试放宽心,把小孩子耍赖的行为想成是对我们的信任。妈妈是爱的集合体,我们可以和孩子说"没关系,下次注意"。所以,以后当遇到孩子说出一些不当言辞或者做出一些不当行为的时候,我们可以尝试说一句"下不为例哈",然后拍拍他们的小屁股给他们加油。

# 唠叨并不是爱的表现

为什么妈妈总爱唠叨？可能妈妈觉得这是在爱孩子，但孩子却并不这么认为。回想一下自己小时候，是否也非常厌烦妈妈的唠叨。妈妈唠叨的那些话孩子并不是不知道，反而都非常清楚，这就是问题所在。长此以往，妈妈即使说一些孩子不了解的事情，他们也不愿意听了，他们会希望妈妈不要再说了。为什么要说孩子明明不喜欢听的话呢？这只会相互折磨。正因如此，我打算绝对不和孩子唠叨。

如果妈妈总是唠叨的话，会变丑，心理也会发生变化。同样，孩子的心理也会发生变化，而且也会表现出不耐烦的情绪。而妈妈看到孩子这样的变化会更加生气。这是一个恶性循环。如果妈妈不改掉唠叨的坏习惯，这种恶性循环就会反复出现。

## 让孩子自己感受做某件事情的必要性

刷牙是所有有孩子的家庭都会遇到的问题。

孩子非常小的时候是家长帮着刷牙,随着年龄的增长,要让他们学会自己刷牙。孩子们不爱刷牙,只是觉得麻烦,同时并没有感受到刷牙的必要性。

我小时候非常不喜欢刷牙。这可能和我即使不好好刷牙也不长龋齿有关系。到现在我也没有因为牙齿问题去牙科治疗过。而儿子的牙齿出得慢,牙齿长势没有跟上他年龄的增长。所以在刷牙问题上我还没开始唠叨,只是期待"该来的那天"早日到来。

终于等到了这一天,那是儿子刚上小学一年级的时候。

"哎呀,妈妈,我的牙太疼了。"

"是吗?怎么个疼法?"

"我也不知道,就是很疼,呜呜呜。"

儿子疼得哭了起来。

"妈妈,你得领我去牙科看牙了。"

世上哪有喜欢去牙科的孩子啊?只是因为太疼了,所以儿子自己提议要去牙科。我想笑,但是强忍住了。看到儿子为自己身体着想的样子真是太好玩了。

儿子知道我并不喜欢带他去医院。我不喜欢带他去医院的理由如下：因为感冒去医院，感冒也不会好得快。不想让孩子对医院留下不好的回忆，我觉得在医院长时间的等待是无效率的行为。如果吃药能解决问题的话，我一般是不会带他去医院的。所以，当儿子自己觉得必须得去医院的时候，他才会说去医院。这种情况我会立即带他去。

"真的需要去吗？那明天放学之后咱们直接去牙科。现在牙科的大夫们也都下班回家休息了，没有开门的牙科了。"

此时，时间已经不早了。

"好吧……呜呜呜。"

儿子哭着进入梦乡，第二天并没有要求去牙科。因为龋齿一般都是在晚上的时候最疼。

"你不是说要去牙科吗？"

"不去了，现在一点也不疼了，好像不需要去了。"

"好吧，知道了。那今天晚上再疼的话妈妈也不管了哈。晚上和现在可不一样，到时候可能会更疼。"

"嗯，知道了。"

果然，当晚儿子的牙又开始疼了。但他并没有像前一天晚上一样哭闹。儿子自己可能也明白，是他自己说的不去牙科。也许他在心里会认为我是个不负责任的妈妈，但我觉得我的理由虽然幼稚，但却很合理——那颗牙是龋齿，早晚都会掉。

没想到,第二天儿子又提起了要去牙科的事情。

"妈妈,我明天好像必须得去牙科了。"

"行,去吧。"

就这样我们来到了牙科,拍了 X 光片,并接受了治疗。

医生说由于牙齿已经损伤到了神经,所以需要麻醉治疗,今天恐怕是不行了。因为麻醉的时候很疼,所以需要向孩子解释清楚,得到同意后才会进行治疗。不知道是不是所有的医生都这么细心,总之我很喜欢这位医生。

"儿子,你刚刚听到医生说的话了吧?你的牙需要用大注射器进行麻醉才能减少疼痛。如果想治疗必须进行麻醉,但是麻醉的时候会疼。你可以接受吗?"

"可以的……"

得到儿子的同意后,第二天我们又来到了牙科。儿子克服了麻醉的疼痛,顺利地完成了牙齿的治疗。其后一周还需要每天去牙科。

因为和治牙的时间冲突,为了治牙,他连喜欢的动画片都看不了了。而且医生说治疗后一小时之内不可以吃东西,所以晚饭得等到了时间才能吃。看他馋得直咽口水,我心想:提前十分钟也没关系吧,却遭到了儿子的白眼。儿子说医生让一个小时之后再吃东西,现在还没到时间,遵守约定的人才是优秀的人。

我心想：我之前也是这样教孩子的，现在却让孩子破坏原则，真是疯了。儿子，对不起。

## 妈妈说的话是唠叨，专家说的话是圣旨

儿子最后一次接受牙齿治疗的那天，我悄悄走到护士跟前说："护士您好，我儿子平时不好好刷牙，一会儿他过来的时候，能麻烦您和他说一下刷牙的正确方法吗？拜托了。"

"好的，这位妈妈。"

儿子和医生打完招呼后，来到了我身边。全程陪护的护士姐姐表扬儿子非常勇敢，并和儿子简单地介绍了刷牙的重要性和正确的刷牙方法。对于专家的话，儿子听得非常认真。平时我说类似的话儿子会觉得是唠叨，但专家一说就不一样了。

现在儿子不用别人说也会好好刷牙了。我再也不用因为刷牙而唠叨了。

"谢谢你，护士小姐姐。"

## 极简育儿说

妈妈并不是孩子的行为矫正专家，唠叨也绝对不是爱孩子的表现。并不是说，我们不停地唠叨，孩子就会听，相反，儿子对妈妈的唠叨会更加排斥。我虽然非常理解父母们各种唠叨的行为，但大家想一想，当孩子听到我们唠叨的时候，他们的表情是不是都很难看？这样哪会有什么好事呀！唠叨不仅不会让孩子改正，反而会陷入适得其反的怪圈。

# 支持孩子的想法和行为

看电视剧的时候我突然定住了。不是因为男主角帅气的面庞，也不是因为女主角倾世的容颜。吸引我的是女主角戴的项链。我马上上网搜了一下。当然，女主角并不是因为这条项链显得漂亮，她是真的很美。

然而，那条项链放在购物车已经好几天了，原以为我对它的热情会冷却，但它却一直吸引着我。

哎……我这也太惨了点，项链还得自己买。此时，我心中的恶魔又开始作怪了，不行，我必须得让儿子送给我。

"儿子，妈妈看中了一条项链，你能买给我吗？"

那时候，儿子还在上幼儿园。

"多少钱？"

"二百块钱就够了。"

不过，我并没有告诉儿子真正的价格。

"好的，妈妈，我可以用我的零用钱买给你。"

我这是在以大欺小吗？不，为了能让妈妈开心，儿子有什么理由不去满足呢？下单，收快递！收到快递后，我从为儿子单独存的零花钱信封里拿出来二百块钱，放在他手里，说："儿子，这是你的零花钱。妈妈刚刚收到了项链，就是这个，你觉得怎么样？如果你也喜欢的话，就按照咱们的约定你出钱；如果你不喜欢的话，妈妈就自己买单，怎么样？"

"很漂亮，来，项链钱我出了。"

儿子把手里的二百块钱，又重新给了我。这是儿子送给我的第一件礼物，也是我最喜欢的礼物。当然，之前儿子也送过我在幼儿园做的卡片、香皂等礼物，但意义完全不同。虽然并非是儿子主动送给我的礼物，但我的心情却非常好。当别人称赞项链漂亮时，我会自豪地说："这是我儿子送我的礼物。"然而没过多久，我就把儿子送我项链的事情给忘了。

## 收到孩子心意的幸福感

不知不觉，儿子幼儿园毕业升入了小学。一天，我带着他来到外婆家。

"外婆给你买了件衣服，怎么样？喜欢吗？"

"外婆，我很喜欢。我也想送件礼物给外婆，您需要什么？"

"啊？送给外婆礼物？不用不用。"

"不行，我都给妈妈买项链了，也得给外婆买点什么。"

"姑娘，你儿子说给你买了条项链，是真的吗？"

我听到后不可置信地问儿子："什么项链？"

此话一出，我立刻想起了那条差点被自己遗忘的项链。

"啊！对，儿子送了我一条项链。"

看来我收到礼物时的那份喜悦，给儿子留下了很深的印象。

"外婆挺喜欢花的……外婆想收到花。"

"好嘞，外婆。"

## 告诉孩子送礼物的快乐

后来有一天，外婆让我们去她家。路上，儿子对我说："妈妈，待会儿路过花店，我们得去一趟。之前说好了要给外婆买花。"

"啊，好的。"

我又一次忘记了。

"妈妈，我能用零花钱买吗？"

"当然可以。"

到了花店，我和儿子说："儿子，这是你送给外婆的礼物，所以你得自己来选。"

"外婆喜欢白色,就来那束吧。"

花店的老板说,比起白色,老人家更喜欢华丽一些的颜色,所以给儿子推荐了由白色、粉红色、紫色混合在一起的花束,儿子欣然同意。

"外婆,这是我送给您的礼物。"

"哇……好漂亮呀,谢谢。"

外婆收到花,笑得比花还漂亮。

因为自己送的礼物而让别人感动,儿子会有哪些变化呢? 事实上,与收到礼物的我们相比,孩子会长久地记住我们收到礼物时那感动的场面。几年后的一个冬天,当我再次戴上放置已久的那条项链时,感觉比围巾都暖和。

"儿子,对我来说,你就是最大的感动,我们继续努力吧!"

## 极简育儿说

其实,父母与子女之间的关系也是人际关系的一种。我们可以尝试大方地向孩子提出期望,并享受这种快乐。父母可以毫不吝啬地给孩子买所有的东西,同样,我们也可以培养孩子的这种品质。我们要努力给孩子创造懂得享受带给别人感动时的那种快乐。

为了能让妈妈开心，儿子有什么理由不满足呢？

# 妈妈是孩子的榜样

我在学校工作，很清楚一年级小豆包们的在校生活情况。站在一年级班主任的立场上，他们会非常感激能够认真对待通知的家长。因为每天需要学生带的东西比较多，如果家长能够提前协助准备好，那就很省心。当然，还需要提醒孩子上课时间要集中精力听讲，不可以做妨碍其他同学的事情，也不可以引发是非……需要罗列的内容太多了，所以提前按通知要求来准备是非常有必要的。

儿子上的小学是被指定为以素质教育为主的学校。这类学校的优点是为了能够让孩子享受正常的童年，教师、家长和教育厅都会大力支持，通力合作；缺点是家长会担心孩子学习的时间少。

和同龄孩子相比，儿子反应并不算快，但好在他是个善良诚实的孩子。儿子虽然不是个能举一反三的孩子，但作为家长，我也不希望他的生活只是学习。

我经常开玩笑说，儿子要是成绩好，我的养老金就得减少了。当然，如果儿子能考上好大学，以后出国留学，能找到一份令人羡慕的好工作固然很好，但这个过程太漫长艰辛了。与其成为让大家都认可的优秀人才，我更希望他能成为有人情味的人。我想让他在成长的过程中感受到幸福。如果学业优异是自己的幸福，那么孩子自然会选择那条路，但对我来说，对孩子的成绩并没有过多的期待。

## 放下对孩子的欲望

为了成为优等生，需要放弃很多自己想做的事情。为了成绩而努力拼搏的孩子们，迫于学业的压力如何能够感受到幸福呢？我经过长久的思想斗争，最终决定将孩子送到这所学校读书。为此，我们还搬了家。

在儿子的学校，一二年级是没有听写考试的，这对于孩子来说是件非常幸福的事情。并不是说听写不重要，只是老师们希望孩子们能够在学校愉快地度过学习时间。我完全赞同，因为儿子说很喜欢上学，这对我来说是非常开心的事情。

早上，全校老师和学生会一起去附近的小山坡散步。春天，会用金达莱做花环。学校的围墙由孩子们亲手设计并刷漆。

开学典礼上，六年级的孩子们把新入学的小豆包们一个一个背到操场绕圈，以此表示欢迎。由于负责背我儿子的六年级小朋友无法承受儿子的重量，所以由校长亲自来背。上哪儿去找这样的荣幸啊？儿子也许一辈子都很难和校长说上一两句话，而这位比我还瘦小的女校长二话不说就笑着亲自来背他（简直是家族的荣耀啊）。二年级的孩子们亲自做了欢迎卡片。三年级的孩子们好像唱了欢迎歌曲。虽然记不太清了，但这个学校的开学典礼真的好温暖。

就这样，儿子在没有听写压力的环境下度过了一年级，但问题出在了写日记上。

刚开始的时候，学校并没有要求他们写日记。从第二学期开始，写日记开始出现在了通知中。作业还是需要完成的，我开始让他认真写日记，而问题也随之而来。

"儿子，这个字不是这么写的。"

我开始检查儿子的书写，出现错误的地方不止一两个。虽然这很正常，但我还是希望他能高质量地完成作业。因此，儿子备感压力。

幸运的是，班主任及时在班级群里发了一条公告，题目是"宝贝们写日记时不需要注意的事项"：

1. 题目

2. 拼写、图画

3. 妈妈的干涉

请家长们不要给写日记的孩子们增加任何负担。现在这个阶段，孩子们能自发写出想表达的内容要比完美的拼写更重要。以后拼写会慢慢好起来的。

"哇哦，老师真是个天使。"

就这样，我的干涉活动结束了。

"儿子，你真是太幸福了。"

"为什么这么说？"

"因为你遇到了一位好老师。妈妈非常喜欢你们的班主任。她是位优秀的好老师，你真是个有福气的孩子。"

"是的，我也是这么想的。"

## 把父母当成镜子的孩子

孩子会原封不动地吸收父母的想法，尤其是对别人的评价。如果在孩子面前说老师不好，那么孩子是绝对不会尊重这位老师的。如果在孩子面前说隔壁阿姨的坏话，他们也会学，以后也许会戴着面具笑着和妈妈说谎。

我特别喜欢在孩子面前表扬老师。因为老师只要一看孩子的眼睛就会知道他们是真的喜欢自己、尊敬自己，还是在无视自己。

你真心待我，我也会真心对你，这难道不是人之常情吗?

## 极简育儿说

　　孩子有时能够非常迅速地掌握妈妈的真实想法。如果妈妈说学校或者老师的坏话，他们会全盘吸收并表现出对学校或老师的不满。同样，如果妈妈认可这位老师，对学校充满感激之情，那么孩子也会觉得自己很幸福。所以在育儿过程中，很多事情都取决于妈妈的态度。

# 对自己的孩子要了如指掌

第一次见到那个女孩子是在读书分享会上。她有一双水灵灵的大眼睛，非常漂亮。更令人羡慕的是她的表达方式，虽然很直白，却又不失礼貌，而且充满自信。她是个少有的非常谦虚且有主见的女孩子。和这样的人待在一起，我觉得自己也充满了能量。

忽略掉随着年龄的增长而长出的赘肉和凸出来的小肚子，十年前的我也和她一样充满朝气。那个女孩子所有的一切都散发着光芒。相处一段时间后，我们相互交换了电话号码，在她的相册中，我看到了她和一个男生的亲密合影。我就说嘛，这么优秀的女孩子不可能没有男朋友。看拍摄的时间已经有年头了，感觉应该快结婚了吧，但一直没有问她。过了几个月，我问她："亲爱的，你什么时候结婚呀？"

"姐姐，我已经结婚七年了。其实我是早婚。"

"是吗？我完全没想到你竟然已经结婚了。"

听到她说已经结婚七年了，我非常吃惊。现在很难看出对方的实际年龄，所有人都在保养自己的身体，减肥似乎成了全体国民的终身事业。于是我们开始慢慢地相互了解。

随着年龄的增长，无论自己有多喜欢对方，我都不会着急与对方亲近。即使感觉对方会是个好人，我也不会非得和她成为闺蜜。我觉得等时候到了，缘分到了，相互能够感染对方，关系自然就亲近了。所以没有必要刻意询问对方比较隐私的问题。

结没结婚呀，有没有孩子呀，老公是做什么工作的呀，在哪儿住呀，多大了呀……感觉这些问题会成为真正了解对方的绊脚石。我只是单纯地想了解那个女孩，所以虽然很喜欢她，也没有从一开就问她是否结婚这个问题，而是过了几个月之后才问的。之后也没有直接询问是否有孩子的问题。因为那个女孩什么都没有说，所以我单方面推测她应该还没有孩子。也许她周围的朋友们已经给她展示了自己多么希望有一个孩子，抑或是养一个孩子有多累，所以她自己非常清楚是否需要生宝宝。

## 讲话礼仪教育的必要性

之后的某一天，我和儿子与那位已经变得亲近的女孩一起吃了顿饭。和儿子一起外出的时候，我一般都不会先照顾儿子。因为不是身处危险的环境，所以要先照顾别人。允许他听大人的对话，但绝不允许他插话，也不允许他影响我聊天，更不允许他制造麻烦。看起来是不是有点不近情理，但这就是我教育孩子的方式。

从小我就开始对他进行讲话礼仪方面的教育，要求他做到大人说话时要认真聆听，不可以打断、不可以插话；要有条理地说出自己的想法，如果做不到，也要尽量表达清楚；不可以接话；如果哭着说话的话我是绝对不会听的；说话要尽量风趣。可以说，在语言表达方面，我是位严厉的妈妈。

经过一番教育，最值得称赞的是儿子绝对不会打扰大人们的聊天。必要时他会通过眼神来传递信息，然后耐心等待聊天结束。想去卫生间，他会询问工作人员卫生间的位置，然后自己去。有需要的东西，他会寻求别人的帮助。他还会帮妈妈跑腿。吃饭的时候，绝对不允许他看手机。饭后如果大人需要继续聊天，他会向我索要手机，当然了，每次都会以失败告终。

几天后，我接到了那个女生的电话。

"姐姐，一起喝个茶呀？"

"好呀，没问题。"

就这样，我们的关系又亲近了一些。聊着聊着突然听她说:"姐姐，其实看到姐姐的儿子以后我想了很多。如果能像姐姐这样养孩子的话，我也想试一下。"

那个女孩子并不是不孕，由于结婚早，丈夫也希望要个孩子，但她自己没有自信。不是害怕怀孕之后的孕期反应，而是并没有太多想怀孕的想法。她说由于怀孕后要放弃的东西太多了，所以压根就不想尝试。虽然也很羡慕周围有孩子的朋友，但这些并没有让她感受到怀孕生子是件非做不可的事情。虽然朋友们都在说生养孩子的女人才是完美的，但看到她们脸上挂着的黑眼圈就会心生胆怯。黑眼圈虽然会随着孩子的长大而好转，但由此产生的阴影是不会消失的。总之，因为她没有感觉到身边的妈妈们有多幸福，所以也就没有了生育宝宝的勇气。

我认真地倾听着她的话，并不时地点头回应。原来所有的事情都是有原因的。

她说完过往之后笑着问我:"姐姐是怎么养育儿子的呢?"

"说来话长，其实我还在摸索中。你现在首先要解决的问题似乎并不是养育孩子的方法。我相信你一定会比我做得更好。"

## 对自己的孩子要了如指掌

育儿方面的专家们通过了解孩子的内心世界，矫正和改善孩子的行为，引导他们往好的方面发展。但是，世界上有能培养好我儿子的育儿专家吗？虽然育儿专家们辅导过很多孩子，但我儿子只有我才最了解，我觉得没有哪个育儿专家能培养好他。就像心理学博士虽然能够让患者敞开心扉，说出自己的真实想法，但却无法了解自己的内心世界是一样的道理。这样看来，心理学家和精神分析专家应该是世界上最幸福的人了。

婚后深切感受到已婚女性的伟大。没有亲眼看到就没有发言权。但我坚信那个女生会是一个好妈妈，同时也会是个幸福的妈妈。

有时，顺其自然会是最好的方法。就像找到解开缠绕在一起的项链的方法一样，无论在显微镜下如何进行分析也无法找到解开的方法，但把它放在手里轻轻揉搓也许就解开了，而且还有可能变成自己想要的形状。

之于那个女孩，之于我，之于所有人，希望幸运能够降临到所有人身上。

## 极简育儿说

能养育好自己孩子的妈妈,是最爱孩子的妈妈。一定要相信自己。孩子的信任源于妈妈,妈妈会让孩子大放异彩。所以,要用充满光彩的眼睛去关注孩子。笑着仰望星空,星星永远都会是闪闪发光的。所以多对如星星般闪耀的孩子微笑吧。

# 第**2**章

## 减少育儿苦恼的选择与平衡

### 极简育儿的方法

# 繁忙的早上只需做三件事

职场妈妈早上的时间是非常宝贵的，经常会忙得手忙脚乱，恨不得一分钟当成十分钟来用。要穿的衣服怎么少了一件呢？昨天明明找出来了呀。至于款式，那更是想都别想。唯一能掌控的事情就是吃饭……其他方面根本无暇顾及。

然而儿子却将这宝贵的一分钟，不，是十分钟用在了无关紧要的事情上。我的心里直往外冒火星。但仔细想一下，如果和正在享受幸福晨间时光的孩子发火，结果只能是两败俱伤。儿子早上一起床就抱着自己最喜欢的杰尼龟玩偶坐在餐桌前，由于一晚上都没能和自己的小伙伴一起玩，现在他正用胖乎乎的小手轻轻地抚摸着它。餐桌上摆着一排乐高皮卡丘，儿子的眼睛闪耀着星星般的光芒看着它们。

很想和儿子唠叨几句，但我非常清楚，即使说了也不会有任何改变，只能造成相互伤害的结果。如果让孩子带着这种糟糕的心情去上学，我也会产生一种自己是"坏妈妈"的罪恶感，而且一整天都会感到不安，午餐吃不下，下班路上还得进行反省。有时候不知中了什么邪，疯了似的骂孩子一顿，然后后悔地哭一场，哭够了晚上回家再接着骂，骂够了再继续后悔。发火，反省，再发火，再反省……这样做有什么意义呢？

"必须摒弃之前和孩子的相处方式。不要发火。唠叨、发火都是习惯。要养成不唠叨、有些事情装作看不见、理解孩子的习惯！"

下定决心改变之后，我决定早上只为儿子做三件事情。

## 1. 吃饭

小学生的早餐非常重要。幼儿园和小学的吃饭时间完全不同。幼儿园上午会让孩子们吃加餐，而小学孩子们只能在第四节课下课后吃午餐。学校的规模不同，各年级吃午餐的时间也有所不同，但低年级的小学生通常都是在十一点半到十二点之间用餐。在这之前，孩子们要上三四个小时的课，中间还有娱乐时间、休息时间，上午如果有体育课，孩子们大概还要活动40 分钟左右。这种情况下，如果早上孩子什么都没吃，他们的肚子会作何感想呢？而且如果这样一直饿着，这一天的课他们基本也无法听进去。

试想一下，如果我们为了减肥，前一天晚上没吃晚饭，第二天又没吃早餐，然后接到了需要写一份重要报告的任务。可想而知，在等待午饭的这段时间里我们是多么煎熬啊！其实孩子们的饥饿感远比我们强烈。

上课时间最重要的是脑部活动。而大脑需要的营养成分是碳水化合物，如果没有碳水化合物的摄入，那孩子的大脑就会停止运转。

学习状态与是否吃早餐息息相关。早餐就算不丰盛也不要紧，最重要的是一定要有碳水化合物的摄入。对于儿子来说，最好的早餐要数海带汤饭和清汤饭了。我一句话都不用说他就会吃完一整碗，吃过的汤碗干净得可以直接放回碗柜。希望早餐补充的能量够他一上午的消耗。

餐后我也不会强制他一定要刷牙。反正吃完午饭学校会要求他们刷牙。这都是经验之谈，因为如果孩子不想刷牙，本来一分钟就可以搞定的事情，却要浪费十分钟，而且还不一定能解决得了。

## 2. 洗脸

早餐结束后，我会为孩子做的第二件事是洗脸。

其实早上洗脸并不费什么工夫。因为通常都是前一天晚上洗过澡之后再睡觉，再加上儿子基本不会出现眼屎，而且，眼晴看起来一点也不干涩。所以，其实洗脸这件事儿子自己就能解决，问题是他的头发。由于前一天晚上他洗完澡就睡觉了，头发还没干透，以至于早上起来脑袋上就像顶了个鸟窝。

所以需要往头发根上喷点水，再顺着发丝的方向捋顺，这个操作对于儿子来说还是有些难度的。曾经尝试过让他自己弄，结果是一团糟，所以这个工作暂时由我来做。这可比给女儿扎辫子容易多了，所以我还是愿意做的。弄好之后，再用毛巾擦干。另外，洗脸的时候一定要围上毛巾，防止把衣服弄湿。

## 3. 涂防晒霜

洗完脸，儿子就会背着书包走向玄关。这时，我需要做的最后一件事就是给他涂防晒霜。之所以要涂防晒霜是因为儿子的五官并不突出，所以需要在皮肤管理方面下点工夫，以弥补颜值上的不足。我比较喜欢带有亮白效果的防晒霜。

因为孩子整天都在外面跑，所以早上给他涂点防晒霜多少能起到一些作用吧。不涂的话，感觉心里过意不去。即使儿子相貌平平，每次他出门的时候我都会和他说："我的儿子怎么这么帅呢。"

吃饭、整理头发、涂防晒霜实际上是为了让儿子大脑清醒、头发整洁、颜值提升。所以深思熟虑后，我决定早上就做这三件事。因此，早上那种紧迫感减少了不少。

由于我需要做的事情少了，相应的我唠叨的机会也少了。因为其余的事情都不是我的责任与义务。穿衣、穿袜、穿鞋、收拾书包、带雨伞、穿雨鞋、周一带室内鞋，这些都是儿子自己的事情。我只需要做好自己需要做的事情就行。

一切准备就绪，儿子就像泥鳅似的"哧溜"一下溜出家门。

大门一关，回头一看，嗬，一如既往地满目疮痍。我是不是得考虑买点一次性遮盖布了？得买白色的，因为黑色会很容易看出灰尘来。

## 极简育儿说

早上需要养成好习惯，这样才能事半功倍，节省时间。尽量减少需要做的事情。如果感觉早上时间严重不足，不如就和孩子先确定下来只做三件事。当习惯了做三件事之后，再一点一点增加。千万不要贪心！极简育儿始于父母放宽的心境。

# 电视是可以商量着看的

看电视真的不好吗？大家通常都会说看电视不好。专家们也说看电视不好。其实是看多了不好。凡事都有个度，一旦超过这个度，哪儿还会有好事呢？书看多了也不见得好，这都是一样的道理。

很多家庭在有了孩子之后都会选择放弃电视，把客厅改装成书房。刚开始我也想这样做，但深思熟虑之后又放弃了这个想法。我只有这一个孩子，我可以一直陪孩子阅读，而且这也不是什么费力的事情，所以根本没有必要再改装个书房。

"让孩子通过电视看一下外面的世界是什么坏事吗？《海绵宝宝》又有什么不好吗？"

我给自己罗列了以上理由。但实际上我还是对《海绵宝宝》存有疑惑。在读过、听过一些专家的意见，与其他宝妈聊过之后，我更加苦恼了。因为对于是否允许孩子看《海绵宝宝》，每个人都无法给出确切的答案。好吧，我亲自尝试一下吧。就这样，我开始和儿子一起坐下来观看《海绵宝宝》。

专家建议家长能和孩子一起看电视，这样可以和孩子一起聊聊天，增进亲子感情。所以我虽然不喜欢动画片，但也会和孩子一起看。说实话，刚开始看的时候是真觉得没意思。

"儿子啊……这有意思吗？"

"嗯嗯，有意思。"

"哪方面有意思啊？"

我真的只是单纯地想知道。

"不知道，反正就是有意思。"

"啊……是吗？"

算了，就这么看吧。结果看着看着就觉得有意思了。

是为了接受教育才看电视的吗？不，是因为有意思才看的。为什么有意思？不知道，反正就是有意思。

毫无目的地看电视当然是问题，长时间看电视也是问题。就像对身体有益的东西吃多了也会产生负担一样，凡事都是过犹不及。但如果注意控制的话，还会觉得看电视不好吗？至少对我来说，让孩子看电视并不是什么大不了的事情（虽然是比较敏感的问题，但似乎说得有点简单了）。

## 定好看电视的时间

幼儿园是十点入园，所以那时候还可以早上看会儿电视。

儿子没有睡懒觉的习惯，很照顾喜欢睡懒觉的我。他早早起来之后就自己玩玩具，玩够了会来问我："妈妈，我可以看电视吗？"

"嗯，看吧。"

就这样，儿子开始了早间电视时间。非常感谢儿子能够体谅晚睡晚起的我。

即使儿子上小学了，他也经常会在早上的时候争分夺秒地看会儿电视。其实我很想和他说："儿子，你现在是小学生了，早上不可以再看电视了。"但由于之前有过类似的经验，所以我忍住了说教。其实对于八点半就得到校的儿子来说，早上看电视是件很奢侈的事情。

"儿子，你觉得早上看电视对吗？"

"不对。"

"那要怎么办呢？"

"平时早上不应该看电视，周末休息的时候应该可以看吧？"

"不错，好想法。"

就这样，上小学后，儿子在看电视这个问题上自觉地选择了节制。

大家可以想一下，如果我当时没忍住，非得和他说明不可以看电视的理由，或者强制要求他不许看电视，还会有这种令我满意的结果吗？

就这样过了几周，在一个不用上学的周末早上，儿子按照约定起床就打开了电视。

但是，我发现他一整天都坐在那里看电视，我的内心掀起了惊涛骇浪。

"儿子，妈妈虽然说过不上学的时候早上可以看电视，但你好像已经看了一整天了。你觉得这样做合适吗？"

"不……合适……"

"周末上午妈妈也想安静地看看书，听听音乐，喝喝咖啡，但你看电视的声音却让妈妈很困扰。"

"那要不以后周末的时候，我吃完午饭再看电视？"

"真的吗？你能做到吗？"

"当然了。"

"好的，如果能这样的话最好了。谢谢啦，儿子。"

"午饭是 12 点吃吧？学校就是 12 点吃午饭的。"

"没问题，午饭可以晚一点，但 12 点以后你就可以看电视了。"

周末的上午就这样安静了下来。

## 母子之间相互协商的生活习惯

没有绝对不可以的事情。回想一下自己小时候就会发现，当时自己真是看了太多的电视了，以至我现在不怎么喜欢看电视了。如果不是大制作的话，我根本不会看电视剧。因为看了这么多年电视，电视剧的情节基本都能猜得到，所以感觉没什么意思。

"好吧，就让你看到厌烦为止吧。你早晚也会有看烦的时候。看了这么多动画片，怎么也能学到点什么？至少应该具备理解故事的能力吧。"

其实，我能让儿子一直看《海绵宝宝》也是有私心的。

等儿子自己决定学英语的时候（虽然也担心这一天是否能到来，但我相信儿子），我打算买一套英文版的《海绵宝宝》DVD 送给他。他已经看过几十遍《海绵宝宝》了，前后情节都能背下来，所以看英文版的时候应该能很快理解。这对他英语快速入门应该会有帮助。

我是通过看情景喜剧来学习英语的。《老友记》和《欲望都市》不知道被我看了多少遍，因为我觉得这两部作品最有意思。正因如此，我的英语口语还是很不错的。

我的这个计划是否能够成功还尚未可知，拭目以待吧。

儿子，电视你先看着吧，在妈妈改变心意之前……

## 极简育儿说

　　和孩子约定好看电视的时间，并告诉他只能在约定的时间内看电视。如果想在原定基础上缩短看电视的时间，需要和孩子好好商量。随着儿子步入小学中年级以后，我和他商量好要适当减少看电视的时间。其实，是否能够培养出懂得节制和守约的孩子，关键还是在父母。

# 在不沉迷的情况下，允许孩子看视频

"千万不要阻止孩子看手机"，这是在一本以分析生活在第四次产业革命时期的人类而闻名的书中提出的观点。我也非常认同这个观点。电视在我出生之前就已经存在，妈妈也无法阻止我看电视。

回想儿时的自己，用现在的话说就是个电视狂。所有的节目都看。其中最有意思的要属电视剧了。看了沈银河以绿眼睛形象出演的《M》后知道了恐怖，和弟弟一起看《传说的故乡》后懂得了分享友爱，和妈妈一起看《周末的有名电影》后知道了原来并不是只要亲亲就会有小孩。也许是因为我妈妈是位非常新潮的新女性，或者是为了照顾我的理解能力，总之，她不加任何修饰地给我简单明了地进行了性教育，告诉我孩子是怎么来的。那天晚上我受到了不小的冲击，都没睡好觉。现在想来，我的妈妈真是太伟大了，我非常喜欢妈妈当时给我进行性教育的方式。

总之，通过媒体的帮助，我对不同人物的感情有了进一步的认识，也了解了故事的展开过程，而且还知道了约会的时候需要穿什么样的衣服，懂得了每个人的一生都会有跌宕起伏。

## 能让孩子进行思考的提问法

因为看过太多的电视剧，所以看几分钟我就能知道这部电视剧是否会受欢迎，这也可以算是我以前总看电视的好处之一吧。但 YouTube 却不同，因为它的目的是在短时间内吸引观众的眼球，所以单纯追求刺激和乐趣的视频会比较多。担心之余，我和孩子说："儿子，妈妈在想让你看 YouTube 是否合适。之前有条新闻你也看到了吧？有一家父母整天沉迷于网吧，最后他家孩子的下场是什么，你知道吗？"

这就是我的计划，看手机时突然装作很吃惊的样子给儿子读一篇新闻报道引起他的注意。大家切记，不要一次性告诉孩子太多的信息，这会让他们觉得我们在唠叨。我们得给孩子独立思考的时间和机会，引起他们注意的时机最为重要。

"嗯，知道，他家孩子死了。我不想死。"

虽然对于儿子这个年龄段的孩子来说这件事情有点恐怖，但也没有办法，我们一定要在合适的时机告诉他们世界上还有如此恐怖的事情。如果太晚对孩子进行生命教育就没有多大效果了。凭经验，小学一二年级的时候进行此类教育是比较适时的。我们要在他周围没有大孩子的安静环境里进行教育。因为如果有大孩子在，他们也许会对此类事情嗤之以鼻，这很容易让我们之前所做的努力功亏一篑。

"那你觉得你要怎么做呢？"

避免让孩子觉得我们唠叨的方法就是提问。"那要怎么办呢？你是怎么想的？"在发表自己的意见之前，先问一下孩子的想法。当然，刚开始会比较困难，但习惯成自然。与其说是为了孩子，不如说是为了自己。

"嗯……老师也说过不能沉迷于某件事情。我绝对不会出现这种情况的。"

学校真是个好地方，老师们都太优秀了。多亏老师们提前告诉过孩子们不要沉迷于某件事情，所以在这个问题上我不费吹灰之力就解决了。

铺垫得差不多了，我开始按照计划进入正题。

"因为你喜欢看 YouTube，所以妈妈允许你看。"

儿子已经毫不怀疑地上钩了。看到孩子露出幸福的表情，我又问道："但前提是你得先完成你该做的事情。放学回来你都应该做什么呢？"

千万不要以命令的口吻告诉他需要做什么。刚开始的时候我也苦于问题的设计，但渐渐就习惯了。改变一下说话的方式，效果会出乎意料。

## 妈妈要巧妙地和孩子协商

先要给孩子思考的时间，这有利于他们成长为自立、聪明、善于表达自己意见的孩子。但与之相比更为重要的是"降低自身的火气"。

想一想，我们不停和孩子唠叨的时候是否有一种血气上涌的感觉。这时释放的火气堪比火力发电厂，等冷静下来之后又会感到悲伤。最让人无语的是这种事情会反复发生。我们经常会在同样的情景下用同样的语调重复同样的话。孩子们呢，他们反而越来越不听话，而越是这样，我们的声音就会越大，火气也会越来越旺盛。

儿子看着我的眼色回答道："嗯……先洗澡，然后做十道数学题？"

其实他的回答也是一种习惯成自然的结果。我们约定好了每天做完数学题之后才可以看 YouTube。当然，每天的作业是必须要先完成的。履行完了义务，才能享受权利。

提到这个数学习题集，那话可就多了。

五年级的数学要比一年级的难很多。所以同样是一页题，完成一年级习题的时间和完成五年级习题的时间是不同的。那怎么处理呢？其实很简单，一年级的时候让他们完成十道，二年级的时候八道，以此类推，随着年级的增长减少完成的页数。与此同时，随着年级的增长，看 YouTube 的时间也会缩短。数学习题集的完成页数和看 YouTube 的时间同步减少。

"不错不错。那咱们就按你说的定了，洗完澡，完成数学习题集后你就可以看你想看的节目了。但是，即使你做完了所有该完成的事情，看 YouTube 的时间也只能是从 7 点半到 9 点。9 点一到必须关掉。"

能够实现与孩子成功协商规则的前提是多从他们的角度出发。七分从孩子角度考虑，三分表达自己的想法。这样制定出来的规则才能随着年级的增长而进行调整。看 YouTube 的时间从 7 点 30 分调整到 7 点 40 分，再调整到 7 点 50 分才能成为可能。如果提前让孩子了解了全部规则，那他们只能是表面上点头答应而已。现在儿子已经升入五年级，看 YouTube 的时间调整为了从 7 点 50 分开始，当然，完成数学习题集的数量也从十道变成了十页。

也许明年开始就可以把看 YouTube 的时间调整为从 8 点开始，数学习题集的数量减少到八页。中学的时候怎么规定呢？这个得到时候再说了，因为青春期的孩子又不一样了。

## 极简育儿说

就像我们改变不了孩子成长的世界和环境一样，我们也无法阻止孩子看YouTube。作为家长，我们需要做的是告诉他们要懂得节制，以防过度沉迷。我们要让孩子有独立思考的时间。千万不要总是在相同的环境下用相同的语气去说相同的话，要让孩子自己想好了之后告诉我们。其实孩子们也都清楚他们需要节制的理由，只是不知道该怎么做而已。

# 一个月吃一次甜食也是可以的

"儿子，有没有什么想吃的呀？"

"我想吃甜甜圈。"

"好的，那咱们就吃甜甜圈。"

其实我非常喜欢能够让人发胖的食物。比萨、炸鸡、汉堡、冰激凌、饼干、甜甜圈、可乐等都是我的最爱，我觉得这些东西都特别好吃。

儿子说想吃甜甜圈其实也正中我的下怀，那就买一袋吃。下班后价格会比较低廉，也避免了奢侈。如果你问谁能吃得完十个甜甜圈，答案就是我的儿子。我虽然喜欢甜甜圈，但最大限度也就是晚上吃一个，第二天再吃一个，多了就吃不下了。

但儿子在结账的时候吃一个，回家后吃两个，睡觉前吃一个，第二天起床后再来两个，一袋很快就会一扫而光。甜甜圈味道甜美松软，但却不是健康食品，因为它会引发肥胖。

"但是妈妈有点担心耶，虽然甜甜圈很好吃，但你知道一下子吃这么多会发生什么事情吗？"

"会变胖吧。"

"那你想变成小胖墩儿吗？"

"不……我不想。"

"那别一次买十个了，咱们一个、两个的买怎么样？"

"这……不要啊……"

"那你说怎么办好呢？"

"要不咱们一个月吃一次？"

"行，那咱们就一个月吃一次甜甜圈。"

"好的。"

## 和孩子一起制定规则，他们才会遵守

就这样，我们愉快地决定每个月只吃一次甜甜圈。自然而然的，冰激凌、比萨、汉堡、炸鸡也都决定一个月只吃一次。但并不是说这些食物每个月都得吃一次，只是想告诉孩子饮食方面要懂得节制。

之所以会和孩子制定这样的规则，是因为孩子在疲劳的时候会想吃甜食，但又不能每次都让他们吃。而且也没有那么多精力每次都去说服孩子这次吃了下次就不可以吃。

像甜甜圈这类食物如果孩子想吃的话，我觉得一个月吃一次没什么问题。但如果上周刚吃过，这周还想吃那是绝对不可以的，当然如果恰巧赶上上周是在上个月，而这周是新的月份除外（一个月的概念一定要按照从 1 号到这个月的最后一天计算）。

这个约定，让我和儿子再也不用因为吃甜甜圈和冰激凌而闹矛盾了。而且有时我们会在规定时间内忘记吃，这就减少了摄入甜食的次数。但真正让我恼火的事情是我肚子上的赘肉似乎并不买账，即使我吃得很少，肉肉也会毫不留情地长出来，好伤心……

## 极简育儿说

和孩子约定每个月吃一次他们想吃的垃圾食物是个不错的选择。冰激凌、比萨、汉堡、炸鸡等都可以成为约定的对象。这样也可以培养孩子节制饮食的习惯。

像甜甜圈这类食物如果孩子想吃的话，
一个月吃一次也是 OK 的。

# 每天陪孩子玩 15 分钟

这是发生在儿子幼儿园时期的事情。

职场妈妈的生活是非常辛苦的。早上和孩子一起出门上班，晚上下班去接孩子回家，还要给孩子准备饭菜，所以电视成了可以拯救我的宝贝。虽然很多专家都说不要让孩子看电视、看手机，但我想说的是："哼……这位专家，您育儿的那个年代和现在完全不同。那时候只有正规电视台播放动画片，手机里根本没有像 YouTube 这类的视频软件。如果我也是在你们那个时代养育孩子，我也能做到不让他看电视、看手机。"

现实是我非常累，希望能利用让孩子看会儿电视或手机的时间来缓解一下自己的疲劳。当然我也清楚如果孩子过度迷恋电视会出现很多问题，如减少我们之间的对话，影响孩子的情绪等。但明知故犯是绝大多数妈妈在不得已的情况下会做出的无奈之举。

## 和孩子约定可以一起尽情玩耍的时间

回家以后，只有在让孩子看电视的时候我才可以看会儿书。读书也是能够让我放松的一种方式。可书上总是建议一定要和孩子一起玩。但可以和孩子玩的游戏一般可以分为两类：一类是体力型的，另一类是无聊型的。水平不同，兴趣不同，让家长仅凭着一腔对孩子的爱去陪他们玩简直比登天还难。所以我想了一个办法，对自己说：好吧，那就每天陪他玩 15 分钟吧。15 分钟一眨眼就过去了，不多也不少。加油，你行的。

决定好之后，我把儿子叫了过来。

"儿子，妈妈陪你玩会儿呀？"

"真的吗？"

"是的，玩你想玩的。但是我只能陪你玩 15 分钟，可以吗？"

"好的，没问题。"

"Siri（苹果智能语音助手），15 分钟之后叫我。"

我让 Siri 帮忙定了个 15 分钟的闹钟（儿子只相信这个闹钟），然后开始陪儿子玩。

从此，我每天都会和儿子玩一遍各种卡片、桌游、掷骰子游戏、大拇指之争、东西南北等游戏。我开始还很担心不知道该和儿子玩点什么，但实施起来其实很简单。

和孩子玩 15 分钟的方法如下：

1. 让孩子定玩什么。

2. 让孩子在游戏中取得胜利。

只要遵守这两条原则，孩子就会非常开心。当然，第二条原则要非常巧妙地不让孩子发现。此外，在这 15 分钟里，不要让手机或其他事情来妨碍你们。百分之百的投入是最重要的。

刚开始会觉得这 15 分钟十分漫长，甚至会产生闹钟是不是坏了的错觉。闹钟一响，我立马去做我想做的事情。看到孩子慢慢适应和我一起制定的 15 分钟规则时，我也会内疚，但我坚定地摇了摇头，提醒自己不可以动摇。今天多玩一分钟，之后就得多玩两分钟，甚至五分钟，其实这并不是什么问题，但当有一天因为某些事情没办法再多陪孩子玩一会儿的时候，就很容易和孩子发生矛盾，那之前所有的努力就都白费了。所以一定要坚守住 15 分钟的时限。

坚持一两周，或者一个月之后就不会觉得这 15 分钟漫长了，反而会很享受这 15 分钟。我们不会再觉得这 15 分钟是一种自我强迫，或者是为了让孩子感到幸福而需要尽的义务。看到孩子灿烂的笑容会让我们觉得这不就是我们想要的幸福吗？这 15 分钟不仅可以让孩子感到幸福，也可以让妈妈感到轻松。

虽然始于约定，但不知不觉会让孩子感到和妈妈在一起时的幸福。我们都适应之后，有时候也会一起玩 30 分钟，甚至一个小时，当然也有玩不上的时候。如果太累了，我会和儿子说明，得到他的谅解，儿子每次都很善解人意。我觉得这样做并不是为了积累信任，而是为了不失去孩子的信任而做的努力。

## 完全投入的 15 分钟

我偶尔会和朋友炫耀一下。他们似乎在育儿上很吃力，所以我想告诉她们的是，育儿过程中，母子双方都需要感受到幸福。

"你们能为孩子花多少时间？"

"一个小时？"

"需要这么长时间？"

一个小时这个答案让其中一个朋友瞪大了双眼。我接过话来说："我说的是心无旁骛、全身心投入的时间。不包括准备饭菜、穿衣、洗漱这些。"

"这……我还没具体算过，30 分钟总该有了。"

"哇，这已经很长了。我就 15 分钟。"

"15 分钟？"

"我和儿子约定每天陪他玩 15 分钟。这是我最近做得最棒的一件事。看到孩子幸福的样子，我也觉得很开心。你们也试试。不多不少，15 分钟足够。要觉得 15 分钟长的话，10 分钟也可以。"

虽然之后没有问过朋友是否尝试过这 15 分钟的约定，但真心希望他们也能感受一下这种幸福。

## 极简育儿说

即使陪孩子玩一个小时，他们也还会想再一起多玩一会儿，而父母其实并没有那么多精力陪他们玩。这时我们可以告诉孩子，我们明天、后天，甚至今后的每一天都可以抽出时间陪他们玩。这样孩子就不会再闹了。相互产生信任后，父母和孩子就都可以享受每天一起玩乐的时间了。

这 15 分钟不仅可以让孩子感到幸福，
也可以让妈妈感到放松。

# 只要觉得幸福，英语不好也没关系

我是教英语的，但儿子到小学一年级的时候还不认识英文字母。别人家的孩子因为上的是英语幼儿园，所以都能熟练用英语对话，而我的儿子却与英语无缘。

我是小学六年级的时候开始接触英语的，当时也只是认识个字母而已。中学开始我越来越喜欢英语，开始正式学习。可谓"水深则流缓，语迟则人贵""有志者事竟成"。

在教学过程中，我遇到过形形色色的孩子，总结一点经验：

有天赋的孩子无论从什么时候开始接触一件事情，都会很快掌握，因为他们天生具备基本的素质，理解力和记忆力都非常好，只要决定做某件事情，就会进步神速。但令人遗憾的是，只有不到 2% 的孩子能达到这种水平。当然，这 2% 的孩子中，也会出现一部分孩子随着年龄的增长而后退，还有一部分孩子会因为过早地开始学习而产生厌学现象。

剩下的孩子其实在水平上都大同小异。但他们中的 10% 会成为"潜能生"。

处于中间水平的孩子是最辛苦的。为什么这么说呢？因为对于位于排头的那 2% 的孩子来说，他们只需要按部就班即可，总有一天人们会发现他们的闪光点，无关家庭情况或者父母的付出程度。他们需要做的就是通过学习来获得成功。

位于末尾的孩子们也很轻松。因为他们不学习也可以。他们只需要找到自己擅长的领域，并找到与之相关的工作即可。对于这部分孩子，其实并不需要在学习上花费过多的金钱和时间。他们中有的是在某方面有一定的手艺，有的是在文体方面有才能，还有的可以去学烹饪。其实除了学习还有很多我们未知的世界，为什么非得强迫他们坐在书桌前学习呢？

剩下这些不上不下的孩子最辛苦，因为他们将面临非常残酷的现实：高不成，低不就。

## 不强迫孩子学习

我儿子就属于既不优秀也不落后的中间生。但我从不特意让他学习英语，也不想把他交给别人教。因为一旦让他开始学习，我肯定会产生野心，绝对不允许他学得不好。对于我来说重要的是什么？是和儿子的关系，而不是他的成绩。所以，我认为不强制他学习英语是正确的选择。

之后发生的一件事，让我更加坚定了不强迫他学习英语的决心。

一天，一位关系不错的学生家长向我咨询七岁男孩是否能上英语班。同一天，另一位学生家长也向我咨询了有关七岁男孩学习英语的事情。两个孩子，而且还都是七岁，有一个还是儿子的朋友，他俩的关系非常好。我那无法抑制的让儿子学英语的欲望油然而生。我和两位家长约好下周开始上课，当然，儿子也会参加学习。

我用的是游戏法，没有刻意让他们学习字母。然而，由于其他两个孩子在这之前或多或少学过一些英语，虽然字母还没有认全，也不会拼读，但儿子还是因为和他俩一起学习而倍感压力。

很快，儿子就对学英语失去了兴趣，而且变得忧郁而悲伤。

### 对于学英语，如何给孩子留下好的第一印象呢？

"儿子，你不喜欢英语课吗？"

"嗯。"

"是因为你觉得他们比你学得好吗？可妈妈觉得我的宝贝

儿子也很出色呀。"

"不是的，我觉得英语很难，我学不好。"

"咣当"，我的心情跌到了谷底。

第一印象对于一个人来说是非常重要的，0.5秒钟就可以形成对一个人的第一印象。

对于英语学习其实也是有第一印象的。所以，如何开始非常重要。授课人的专业水平固然重要，但更为重要的是如何能给学生留下美好的印象。所以，对于孩子们来说，刚开始只能通过游戏的方式来进行。只有让他们对英语产生兴趣，才不会对今后的学习产生影响。深知这些的我究竟对儿子做了什么？我让儿子参加英语学习就是为了让他对英语产生抗拒的吗？那一瞬间，我的愧疚之情扑面而来。

从那一刻起，我就不再让儿子参加英语学习了。虽然开英语班是为了儿子，但我并没有因为儿子的缺席而降低其他两个孩子的教学标准。那时其实我还挺伤心的，别人家的孩子可以，为什么我的儿子不行呢？在别人家的孩子努力学英语的时候，我的儿子却在跆拳道馆挥汗如雨。

从那以后，我再也没有邀请儿子一起学英语。

"想学的时候自然就学了。看别人都会，自己不会的时候就会学了。如果不喜欢……一直不喜欢呢？哎，不管了，到时候再说吧。总之，现在这个阶段最重要的是亲子关系。我要忍耐，忍耐，忍耐。"

## 极简育儿说

英语教育最重要的是要等到孩子真正想学的时候再开始。而且要给孩子营造一个学习英语的环境。如果一开始就给孩子留下不好的印象，那孩子很有可能就会放弃英语。

# 有理有据才能说服孩子

儿子五岁的时候，我莫名其妙地打过他一次。

我忘记了具体因为什么事，我打了儿子。总之，他毫无理由地耍脾气，是我不能接受的，总有一些我们怎么都接受不了的时候。

打他的那天正好赶上这种时候。真的是很莫名其妙地打了他，而且忘记了打的是他的屁股还是后背。打了一下之后我猛然清醒了，儿子吓坏了，我更是吓得不轻。虽然就一下，但在这之前我从来没动手打过他，而且之后也没有发生过这样的事情，所以对于我和儿子来说，那一瞬间都记忆深刻。

## 及时承认错误并道歉

儿子因为那一下记住挨了妈妈的打，而我也因为打了儿子而备感自责。

所以我马上向儿子道歉："儿子，对不起。妈妈也知道打你不对，但不知道怎么了没有控制住。能原谅妈妈吗？"

"嗯，没关系的，妈妈，我也有不对的地方。"

"妈妈躺一会儿，有什么需要的就叫我。"

"好的，妈妈，我能看会儿电视吗？"

"看吧。"

我关灯躺在床上泪流满面，我这是怎么了，怎么会打儿子呢？

小时候我特别害怕挨打。

父母从来没用手打过我和弟弟，但经常会用 30 cm 的尺子打我们的手掌。而且每次打的次数都事先问过我俩之后再打。没想到现在我竟然也打了孩子。

仔细想了一下原因，应该是因为缺乏耐心。那为什么会缺乏耐心呢？当时明明已经是晚饭时间了，我开始像侦探一样还原在这之前都发生了什么。

理由只有一个，那就是疲劳！肉体上的疲劳！肉体上的疲劳导致精神上的脆弱，孩子正好赶上了我丧失耐性的时候。我进行了深刻的反省，最后决定以后累的时候就如实告诉孩子我累了。

下班后拖着劳累的身体回到家做饭，陪孩子玩，刷碗，整理房间……做了这么多也不见家里有多整洁，而不做的话，家里瞬间会变成猪圈。家务活没完没了，还无人能帮，不做又过不去心里的那道坎儿，真是让人进退两难。因为说了很累，所以孩子会看我的眼色行事。约好了要一起玩，但因为我的怒气，儿子也会看我的眼色。我觉得总是看我眼色行事的儿子太可怜了。

但是像今天这种情况我躺一下又有什么问题呢？所以继续呈大字型躺在床上。

## 以诚相待

我的甲状腺有问题，需要终生吃药。我安慰自己，像我这么敏感、刻薄的人能把儿子养得这么好，偶尔躺一会儿也很正常。

而且我决定，以后再冲儿子发火前一定尽量和孩子说明理由。

"儿子，妈妈昨天非常累，所以得休息一下。"

"你知道妈妈昨天工作到很晚吧？"

"儿子，你知道妈妈从早上开始就听课、上课了吧？"

虽然情况不同，理由也不同，但我都会先说明理由再躺下。因为不想儿子产生误会，以为我是因为不想和他玩，或者是他做错了什么事情我才想躺一会儿的。

和孩子说明情况，他们会理解的。当然，这个说明需要诚恳。如果不诚恳孩子很容易就会发现。企图用不诚恳的理由蒙混过关的家长只能成为不诚恳的家长。

## 极简育儿说

如果育儿是义务，那么拥有自己的时间也同样是义务。千万别让自己太痛苦。也希望大家不要把自己推到悬崖边。有问题可以和孩子坦诚相见。不是说告诉他们自己的妈妈有多脆弱，而是坦率地告诉他们自己的妈妈为什么会这样。只要妈妈能够坦诚地告诉孩子理由，那么孩子也会充分理解我们。

# 给孩子一次可以说服妈妈的机会

"儿子，有没有想吃的呀？"

孩子抿着嘴回答道："妈妈，您知道的……"

儿子想吃什么我当然了如指掌，只是不想承认而已。

方便面真是种美味的食物。随着年龄的增长，我对方便面的兴趣逐渐降低，可儿子还小，暂时还沉迷其中。虽然一直努力让孩子摆脱方便面的诱惑，但基本没有效果。

"儿子，不能总吃方便面呀。虽然妈妈也承认它很好吃。"

"是吧？是吧？"

"但是，方便面实在没有营养，如果你一直吃的话，小心你长成方便面。"

"那乌冬面可以吗？"

"……"

我像被重重地打了一拳。

看来在这个问题上不可能和他达成一致了。我直接和儿子说："妈妈只能允许你一周吃一次面条类的食物。方便面、乌冬面、刀切面、炸酱面、意大利面，它们是朋友，这些之中一周只能选一样吃一次。你想周几吃呢？"

"周二。"

"为什么呢？"

"因为周二有我喜欢的节目。那个节目是我最喜欢的，方便面也是我最喜欢的，所以我想同一天拥有。"

"好的，那就这么定了，每周周二吃方便面，其余时间都不可以。"

愉快的周二就这样开始了。

每到周二我肯定会给儿子煮方便面。虽然儿子也会考虑到妈妈的口味，有时也吃炸酱面或意大利面，但儿子最喜欢的还是方便面。

妈妈能认同孩子的口味，孩子会非常开心。与其让孩子每天因为想吃方便面的事情而看妈妈的脸色，再因为妈妈不同意而引发母子之间的战争，倒不如事先和孩子约定好哪天可以吃，这样岂不更幸福？

## 极简育儿说

我乐于和孩子进行协商。即使一下子就能看出孩子的想法，也会假装不知道地问他。因为我相信，这个过程可以让孩子学会说服与协商的技巧。虽然在这一过程中孩子也会受到挫折，但这不也是一种人生的经历吗？其实有时候我也会非常武断，但大多数情况我都会尽量不先表达自己的观点，我想让孩子知道，其实我很想被他说服。

# 不娇惯孩子

看了数千本育儿书，有一种说法深得我心。刚开始我还心存疑惑地问："真的吗？"随着时间的推移，疑惑变成了肯定："真的！"起初还在怀疑："真的是这样吗？难以置信。当妈妈必须要这样吗？"一两年过去之后，我发现育儿过程还真是这样。如果你要问："究竟是什么这么吊人胃口呀？"因为这是个非常重要的问题，所以想和大家好好分享一下理由。

这就是家长要掌握好度。我们一定不要完全满足孩子所有的需求。虽然绝对不能缺少父母的支持和爱，但过度的支持和爱也会带来一定的问题。不能因为爱而让孩子提前就得到自己想要的。真正爱孩子就需要勇于对孩子说"不"。

## 妈妈的态度决定是否能培养出幸福的孩子

我理想中的孩子并不需要一定得学习好、聪明、能赚大钱。我和别人不同的是，我认为需要丢掉"妈妈也是份职业"的想法。我坚信，"我需要比别人多付出一些"，这种想法不仅会毁了自己的人生，严重的话也会毁掉孩子的人生。

每个妈妈都期望看到孩子幸福快乐的样子，希望他们能够独立。等年龄大一点在财政上也能实现自给自足，不啃老，心理健康。最重要的是他们的为人。因此，育儿过程中需要勇于和孩子说"不"。

需求是发明的原动力，同样，家长学会说"不"也是孩子能够真正成长的原动力。我下定决心不做孩子的跟班。一方面是因为自己不愿意，另一方面我经常这样想：我是专门为你跑腿的吗？

孩子想要剪刀或者想要喝水的时候，我不会直接拿给他，而是告诉他剪刀和水在哪里。剪刀放在之前商量好的地方，水杯在最矮的橱柜上，他一抬脚就能够到，冰箱最下面的冷藏室里放着装满水的 500 ml 塑料水瓶。

不喜欢看书就不强求他看，等他想看的时候再给他读一会儿。如果还想听的话就和他商量，你能给我读一段的话，我就再接着给你读一会儿。

我问已经进被窝的儿子："儿子，你喜欢妈妈吗？"

"嗯，喜欢。"

"为什么喜欢妈妈呢？"

"因为妈妈陪我玩。"

看，这就是每天陪他玩 15 分钟最直接的效果。

"你能这么说妈妈好开心。那妈妈有没有什么不足的地方？有的话就告诉妈妈，妈妈如果能做到，一定会努力。"

"妈妈不带我出去玩。"

## 不要让孩子影响自己的决定

是呀，这确实是事实。周末或者休息的时候，别人都会带着孩子出去玩，而我却没有。其实儿子小时候，我也是个热情满满的妈妈，但每次坐车都会睡着，以至都不记得去了哪里。周末郊游回来不是累得半死，就是发烧感冒。所以渐渐地，我也厌倦了这样的生活。

虽然也曾努力过，但却没有给孩子留下什么美好的回忆，更别提教育意义了。能够回忆起来的也就是那儿卖的冰激凌（其实我家附近的超市也能买到）很好吃，炒年糕有点辣，踩到了狗屎之类的不值一提的事情。

就为了获得这种经历而让全家人都在拥挤的车里忍受好几个小时，既浪费金钱，也浪费时间和体力，还要在沙尘天迎合孩子嘻嘻哈哈地赔笑，每次回来之后都会感慨："哇，还是家里最好！"因此，我停止了类似活动。

对此，儿子似乎觉得这是我的不足，但我并不打算改正。因为我计划等儿子能够自己背旅行包到处走的时候带他进行一次环球旅行，这个计划儿子也知道。而且我现在正在为此而努力攒钱。

我想嘲笑一下儿子，但是忍住了。只有让他现在有遗憾，等环球旅行的时候他才能坚定地跟着我。

## 极简育儿说

我小时候，由于家里条件不是很好，不能实现买书自由，基本都是管朋友借书看。而且那时也不像现在，家附近会有可供周围居民使用的图书馆。所以中学的时候产生了一种"等我把图书馆的书都看完就毕业"的想法。仔细想想，儿子不喜欢读书可能是因为家里的书太多了。等我把这本书写完，打算把家里的书清理一下。也许等没有那么多书了，儿子就会对读书产生兴趣呢。

每个妈妈都期望看到孩子幸福快乐的样子，
希望他们能够独立。

# 不要轻易满足孩子的愿望

"妈妈，我想上机器人课，行吗？"

"我考虑一下。"

刚开始孩子提要求的时候我一般都是这样回答，不说行，也不说不行，先吊吊他的胃口。几天之后，或者几周之后，抑或是几个月之后儿子再问："妈妈，我想上机器人课，什么时候可以开始呢？"

"妈妈想了一下，咱们三年级的时候上好像比较好。因为一二年级的时候咱们需要上托管班，但三年级开始就可以不用上了。而且等你上三年级的时候妈妈也得上班了，所以你必须得上课外班了。你们学校放学后的课外活动有点少，如果一年级的时候全参加完了，妈妈到时候也挺苦恼的，所以咱们三年级的时候去上机器人课是最好的选择。"

"好吧，知道了。"

几天后，儿子又开始磨我说："妈妈，别等到三年级了，我现在上不行吗？"

"哇，看来我家宝贝好希望上呀，好吧，我给老师打电话问问有没有放学以后的班，如果有名额咱们就上，但如果没有名额的话，咱们就等有名额的时候再上。"

给老师打过电话，得到了肯定的回答，我对儿子说："儿子，这周开始放学后可以去上机器人课了，你知道几点在哪里上吗？"

"知道，周五下午 2 点在科学教室。谢谢妈妈。"

## 要懂得对孩子欲擒故纵

外人看来我可能并不是个好妈妈，因为我从来不第一时间答应儿子的诉求。其实我这样做的理由很简单，因为如果马上答应孩子的要求，他们的兴趣会急速下降。孩子说想弹钢琴就马上送到钢琴班，那估计不到一个月他就会放弃。孩子说需要在家练习，就马上给买钢琴，那估计不到一个月钢琴就沦落为在那里落灰的命运了。类似的情况平时见过太多了。其实孩子很单纯，他们说想做一件事的时候并不是在说谎，但问题是他们的意志并没有父母想的那般坚定。

我在教学的时候也从不试图让孩子从一开始就学习，而是考虑先让他们产生兴趣（主要是低年级学生或者是刚开始对学习不感兴趣的学生）。即使孩子们说自己有点感兴趣了，想多学点，我也不会答应。我会告诉他们学多了头会疼，要适可而止，同时会让他们多玩。而孩子们反而会更想好好学。越是不让做的事，他们反而会更感兴趣。当然，这种方法绝对不适合于高年级的学生。

正因如此，我从来不会轻易答应儿子的请求。

国际象棋下得最好的一位男选手有三个女儿，他的这三个女儿也都是世界冠军级别的。人们就问了："您把三个女儿都培养成了世界冠军，有什么秘诀吗？"

"其实很简单，那就是不主动教她们下棋，只是让她们看到下棋的乐趣。"

孩子的兴趣很短暂，如何在他们感兴趣的时候培养他们的长性是非常重要的。这时，让他们认识到做某件事情的乐趣是关键所在。所以我从不强迫孩子看书，等他要求我读的时候再给他读。而且，在读到有意思的情节时，我一定会夸张地大笑出声。如果孩子问我为什么笑，我不会具体说明原因，只告诉他这本书非常有意思就可以了。因为我和孩子的笑点是不同的，所以即使仔细说明原因，孩子也不会理解。

## 让孩子懂得珍惜

儿子为了能上机器人课可谓是三顾茅庐。不知道别人家的孩子怎么样，但在我看来儿子的热情还是很高的。虽然不确定他的这种热情会持续到什么时候，但我觉得这是他努力好几次才说服我换来的机会，他甚至提前都打探好了上课的时间、地点、内容、进度及同学都是谁，怎么着也能坚持一段时间。这就是之前说过的越不让他做，他就非得做的直接结果。

这就像钓鱼一样，越是大鱼就越要稳住，不要先给鱼饵，因为大鱼也需要确认他们想吃的是垂钓者的鱼饵还是安全的食物。因此，那些聪明的大鱼才得以存活。

## 极简育儿说

焖熟的饭才好吃，育儿也是一样的道理。人们很容易认为马上答应孩子的诉求是父母的本能和爱，但其实并非如此。就像我们网购，看到心仪的物品先放入购物车，几天后再看一遍这些物品会发现有些依旧需要，而有些就可以直接清除了。瞬间的喜爱其实并不是假的，但我们肯定只会珍惜那种不会随着时间的流逝而让我们心生厌倦的东西。

# 孩子想看书的时候再给他们读

在某些人眼里我可能是个不称职的妈妈，我明知道多给孩子读书有好处，却不常给孩子读，这是因为儿子并不怎么喜欢看书。晚上睡觉之前给孩子读读书，教他一些道理确实是不错的选择，但儿子似乎更喜欢和我玩掰手腕、石头剪刀布等游戏。

虽然不怎么给他读书，但神奇的是儿子竟然能认字、写字。本来这是值得炫耀的事，可了解之后才知道，儿子外婆背着我偷偷在教儿子。

我在外面工作一天挺累的，不如就和儿子玩吧。之所以会产生这种想法，一方面因为儿子对看书并不感兴趣，我不想勉强他；另一方面这也是我自己的育儿哲学，乐趣需要自己去慢慢发现，总有一天他会因为喜欢读书而读书，这样才能坚持到底。因此，读书被我排到了后面，我会努力营造和儿子交流的机会。

## 多读书就一定好吗？

我曾在小学教书，看多了孩子们读书的实际情况。小学低年级的孩子们只要一到休息时间就会去图书馆看书，有时还会借一两本书，而且当天就能返还。但大部分学生都是为了攒读书图章才这么努力。

然而，随着年级的升高，到了孩子们真正需要读书的时候，他们对阅读的兴趣反而逐渐下降。等到了高年级，一个班里喜欢读书的孩子就更少了。孩子们似乎没有多余的时间看书，只有极少数孩子会抽时间看会儿书。

一本经典作品顶过百本无用之书。吃 100 碗方便面与吃一顿营养餐哪个更有利于孩子的生长发育？答案我想不言而喻。与多读书相比，我认为在孩子小时候更应拓宽他们的思路，培养他们拥有博大的胸怀。当然，从小读书是培养这些能力的有效途径，但我却并没有使用这个途径，我也并不很期待孩子能遗传到我喜欢读书的基因。

## 教会孩子妥协的方法

一天，儿子非常罕见地在学校借了两本书回来，好像是关于解数学题的书。

读什么内容又有什么关系呢？重要的是儿子能把这么厚的书背回来让我读。

"妈妈，今天给我读读书吧。"

"那你也会给我读吗？"

"没问题，我也会给妈妈读的。"

那天晚上，儿子躺在被窝里给我读了第一页，我给他读了第一章。读着读着我发现，儿子带回来的书比传统童话有意思多了。

"嗬，你小子这么快就发现这类书有意思了啊！"

昨天晚上儿子一脸担忧地问我："妈妈，这本书三天之后就得还回去了，在这之前我们能读完吗？"

小家伙学聪明了。

"是吗？这可怎么办好呢？"

"能辛苦妈妈今天多读一些吗？"

儿子已经掌握了和我说话的技巧，尽可能地用请求语气来说服我。

"当然可以了。妈妈今天就使使劲儿多读点，走吧。"

妈妈的欲擒故纵是让孩子对一件事情产生兴趣的重要技巧。作为家长千万不要感情用事，一定要多动脑筋。就是因为我在爱儿子方面较为理性，所以儿子现在才乖巧懂事。如果我是感性派的话，儿子可能早就成为脱缰的野马了。

## 极简育儿说

如果您正苦恼于该如何和孩子，尤其是儿子玩的话，我觉得身体力行要比单纯地说教更有效果。虽然感觉爸爸更适合陪儿子玩，但实际上妈妈也是可以的，而且妈妈陪儿子玩一些肢体游戏对他们也有一定的好处。因为妈妈的力气没有爸爸大，所以在和妈妈玩的过程中，他们可以学会如何调整力度。

# 用书信和孩子分享爱

儿子放学回来从书包里掏出一件东西，原来是一封折成风车形状的信。信上写着"妈妈亲启"的字样。打开一看，有很多拼写错误，翻译过来内容应该是：

妈妈，有个好消息。那就是申京民喜欢妈妈。为什么这么说呢？因为申京民在妈妈读书的时候会一直笑。听说这就是喜欢的表现。

我马上给儿子回了一封甜蜜的信。

亲爱的儿子：

妈妈今天在学校看见你觉得好幸福。每天都能看到你亮晶晶的大眼睛的老师得多幸福啊。早上看到你睡觉的样子感觉你就像小天使。因为你，妈妈今天也非常努力。

谢谢你，亲爱的儿子。我爱你。

儿子非常开心，继续给我写信。

妈妈，这是我画的小老鼠和小猫咪，怎么样，漂亮吧？今天我还会再写一封信，这张纸太小了。

妈妈，我爱您。

9 月 5 日　星期二

信纸上画着小老鼠和小猫咪。看样子是想让我评价一下他的画作。而且，他觉得这张纸太小，就重新给我写了一封信。

妈妈，对不起。早上没能和您打招呼。为了赎罪，今天由我来刷碗。亲手刷哟。

妈妈，我爱您。

9 月 6 日　星期三

暑假的时候我弄了台洗碗机回来，朋友用过的，想给我，我果断收下。有了洗碗机简直太幸福了。所以儿子在信里特别强调他要用手刷碗，而不是用洗碗机。而且那天他确实做到了。收到了儿子对我表达的爱，真是别无所求。

妈妈最好了，没有妈妈就没有我。谢谢妈妈把我养大。妈妈，我不想学美术了。

妈妈，咱们这样可以吗？我减少一半的美术课，但每周我会和妈妈一起画一次宝可梦。

妈妈，一定要给我回信哟。妈妈，我爱您。

9月7日　星期四

儿子渐渐开始有目的地给我写信了。小孩子就是鬼点子多，家长可真是一刻都不可以掉以轻心。

不去美术班我还是很担心的。儿子在美术方面可以说一点天分都没有。明明也是十指健全啊，不知是不是随了我。

总之，对于小学低年级的学生来说，画画是必备技能，如果不学的话还挺令人担忧的。儿子开始和我要小聪明了，和我约定如果允许他不去美术班，每周会和我画一次宝可梦。

亲爱的儿子：

你好，我的爱。妈妈每天都因你而快乐，不知道有多幸福。今天早上妈妈也像往常一样看着你做自己想做的事情，那么照顾妈妈，真是太感谢了。感谢我的儿子能拥有一颗善良的心。

你想每周上两次美术课，在家拼完两个乐高，周三休息，没问题，妈妈同意。但希望你能努力遵守约定。否则的话，妈妈就会失去对你的信任。

加油，我爱你。


收到信后我还是心软了，所以允许儿子有两天原本需要学美术的时间拼完两个乐高。儿子的想法是这样的：去美术班也不只是画画，有时也会做手工，所以手工部分可以在家完成。这样写让我知道了他之所以想这样做的原因，而且也的确说服了我。


妈妈，我做得好吗？等拼完之后再给您看。感谢妈妈把我养大。从今天起我会遵守约定画宝可梦。

妈妈，我爱您。

9 月 13 日　星期三


信上还画了宝可梦。

虽然已经和妈妈说好了，但为了安慰妈妈一下，儿子在信的下方画了三个宝可梦。那天我真的没让他去美术班。你要问为什么？因为他已经完成了当天的绘画任务，所以我也会遵守约定。


亲爱的儿子：

今天晚上，俊亨和姨妈会来咱们家，你要能收拾一下客厅就太好了。

妈妈爱你。

儿子看到这封信之后立马把客厅里的玩具，还有卡片之类的东西都清理干净了。比我早回家的儿子看到这封信之后会作何感想呢？我想，这和我之前看到他想减少美术课那封信时的想法是一样的。信从最初以传递爱为目的转变成了相互拜托的工具。

虽然我们相互之间的爱没有发生变化，却再也没有写过信。但之前的那些信都是我们之间最美好的情书。

## 极简育儿说

　　小时候我妈妈总说："这个世界上，我最讨厌老鼠。"这句话似乎也传染给了我，我也变得讨厌老鼠。如果妈妈是个啮齿类的喜好者，我也许就不会讨厌老鼠了。

　　由此可见，妈妈的话是多么重要。孩子非常相信妈妈的话。不知何时我对儿子说了"原来你不适合画画呀"这样的话，结果儿子对美术就更加没有兴趣了。如果我不曾对他说过这句话又会是怎样的结果呢？如果时间可以倒流，我一定不会说这样的话。

儿子因用书信向我表达了爱而感到幸福，
我因收到了这份爱而觉得别无所求。

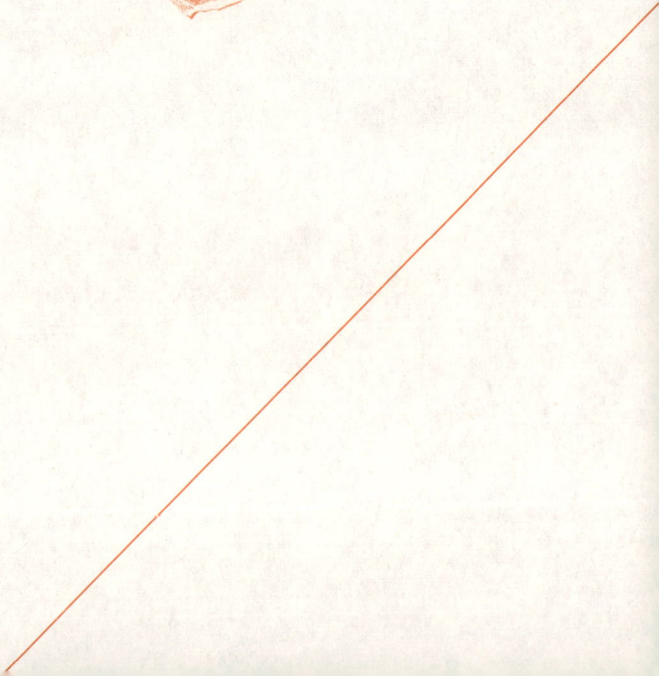

# 第**3**章

## 简化家务的方法

极简生活策略

# 不用为孩子反穿衣服而烦恼

"咦？儿子，你的运动裤好像穿反了。"

"是吗？"

"裤子口袋的方向不太对劲。"

儿子露出一年级小豆包特有的萌萌表情，说："啊……没事。"

"真没事吗？"

"不是什么大事，可以理解。"

嗬！感觉这句话是我平时最喜欢说的。我又问："小朋友看到后笑话你怎么办？"

我还真挺担心儿子被嘲笑的。

"他们笑就笑呗。"

"那如果大人看见后，问你裤子怎么穿反了，你打算怎么回答呢？"

我所谓的大人其实指的是老师。真不想让老师对我产生不好的印象，他们看到后也许会觉得："这孩子的家长怎么回事，连孩子的裤子穿反了都不知道？"

"大人们看不出来的。"

"可妈妈就看出来了呀。如果老师问你：'你怎么把裤子穿反了？'你打算怎么回答呀？"

我想再努力一次让儿子把裤子换过来，可还是失败了。

"就说'哦'。"

"可是'哦'似乎太敷衍了吧，而且听起来也没有礼貌。"

有点担心儿子会因为反穿裤子而引起不必要的麻烦，所以我说话的语气也变得重了些。

"那我就说：'是的，我穿反了。'"

"儿子，听妈妈说，回答大人问题的时候如果太简短会给人一种没礼貌的感觉。其实像今天的这种情况，你可以回答说'我今天想这么穿'，这样给人的感觉似乎会更好一些。来，说一遍试试。"

"我今天想这么穿。"

"很好。那如果有人笑话你怎么办呀？"

"如果我实在觉得不好意思的话，就去卫生间换过来。"

"好的，好好上学去吧。妈妈爱你。"

## 孩子的想法大人无法想象

早上发现儿子运动服裤子穿反了，原本应该在前面的口袋出现在了他的屁股上，但我没有强行让他换过来。一方面是因为儿子觉得麻烦，另一方面我觉得他是想通过反穿裤子来吸引其他小朋友的注意力。

"原来是想让其他的小朋友关注他呀。原来是想让小朋友们发现他的裤子穿反了呀，而且连退路都想好了。哈哈哈，这小家伙真是长大了。不错不错，嗯……看来是小看他了。"

下班回家见到儿子，我发现他的裤子还是反穿着。

"小朋友们没说什么吗？"

"他们笑了。"

"那你怎么说的？他们没笑话你吧？"

"我就说我想这么穿。"

"老师没说什么吗？"

"没有。我之前不告诉你了吗，他们不会发现的。嘻嘻。"

## 可以放手让孩子做自己想做的事

老师肯定发现了，而且也许会认为我不够关心儿子，早上竟然没有发现他的裤子穿反了。虽然有些不好意思，但转念一想，又不是每天都发生这样的事情，他们很快就会把这件事忘了的。

"儿子裤子穿反了又能怎么样呢？又不是我的裙子穿反了……嘻嘻嘻……"

即使我并不认同孩子的一些行为，但也从来不会武断地制止他。因为当一个人在做他想做的事情时会变得很幸福，而且当他因为他的这种行为获得成功时自然而然就会期盼更大的成功。如果妈妈打消孩子想做某件事的决心，也许今后他就会变得不再有自己的想法。这样到了小学高年级阶段就很容易出现"没有什么想做的"情况。到那时再和他说"做点你想做的事情吧"，孩子很有可能会因为之前遭到了太多的阻止而变得无欲无求。

孩子没有自己的想法并不是他们自己的问题。那问题出在哪里了呢？

## 极简育儿说

每个人都希望得到领导、家人、朋友的认可，孩子也不例外。所以家长要努力发现孩子的亮点并加以鼓励，即便这个亮点并不是我们所满意的。

想成为爱心满满、活力无限的元气妈妈，一定要多关注孩子柔弱的内心，这样会减少与孩子的争执。

# 让孩子自己选择喜欢的发型

唉，不管了，随便剪吧。

领儿子去理发店剪头发对我来说简直是一种折磨，因为理发店永远在排队，音乐闹哄哄的，理发师还总问我，该怎么剪。

"嗨，管他呢，自己在家剪吧。"最后我决定自己在家给他剪。所谓万事开头难，熟练之后就好了。

以前对儿子来说，无论是在家里我给他剪头发，还是去理发店让专业的理发师剪头发，都是件累人的事情，因为他需要一直坐在那里。

问题主要出在我这里。速战速决吧，觉得剪出来的头型像个小傻瓜；一点一点仔细地剪吧，又会花费很多时间，累得腰疼。最后我算看明白了，无论怎么剪，儿子的头型都会像小傻瓜（因为在哪里剪都是锅盖头）。

但是在我眼里，儿子圆圆的脸蛋儿配上锅盖头是最帅、最可爱的。虽然我妈妈总说一定要带孩子去理发店剪头发，但基本都会被我忽略。因为儿童理发店的价格实在不低，最主要的是儿子对我的手艺也很满意。

## 剪不剪头发一定要听妈妈的吗？

一天，我妈妈实在忍受不了我的手艺，领着我儿子去了理发店。

等了 15 分钟才排到儿子剪。当儿子坐到椅子上之后，理发师说："小宝贝的头发其实不剪也行，您觉得哪里需要修一下吗？"

"啊，孩子的头发是他妈妈给剪的，我觉得旁边的头发需要再处理一下。"

"宝贝妈妈剪得很好。暂时不用处理，等长出来一些再弄就行。"

儿子和外婆的理发店之旅就这样结束了。妈妈虽然嘴里说那个发型师真奇怪，为什么不给剪头发之类的话，但实际上也基本放弃了去理发店的想法。而我由于被专业理发师表扬了，非常开心。当然，也许那天发型师可能就是想休息一下，不想给孩子剪头发。但还是非常感谢他。

那之后的某一天，我的心情开始逐渐发生了变化。

"儿子，你的头发太长了，看起来不够帅，妈妈今天给你剪剪怎么样？保证五分钟结束战斗（每次要给儿子剪头发的时候都得用点小计谋）。"

儿子酷酷地回答说："等我看完这个吧。""明天剪吧。"或者："下次剪吧。"

劝了几次之后，我就放弃了，那种美美的心情也随之消失。反正又不是我的头发，儿子成不成长毛怪和我有什么关系，以后再也不管他的头发了。

## 获得孩子信任的方法

一天，儿子对我说："妈妈，我两侧的头发太长了，得给我剪剪了吧？"

"是吗？我觉得还行啊。"

虽然看起来非常糟糕，但我还是说能忍受。可能我也是出于报复心理吧，嘻嘻嘻。

"不行不行，两侧和后面的头发需要剪剪了。"

"我考虑一下。"

过了几天儿子就开始拜托我了。

"妈妈，麻烦您给我剪剪头发吧。"

儿子说话相当礼貌。

"我觉得还可以啊，等再长一点，把旁边的头发捋到后面就行了。"

这种感觉太痛快了，哈哈哈。

"不嘛不嘛，今天一定要给我剪剪。"

"那你先把你该做的事情做完再说。"

"遵命。"

就这样，在孩子主动要求了好几次之后，我才给他剪了头发。

"还是妈妈最厉害了，比理发师剪得都快。"

"哈哈哈，是吗？谢谢儿子的表扬。"

就因为这一句表扬，之前憋着的一口气终于吐出来了。

八年前花 20 块钱在超市买了一把专门剪头发的剪刀，之前一直放在洗漱间里。我没有学过美发，也不知道该怎么剪，但经过实践，我的手艺精进不少。虽然一看就知道是自己在家剪的，但这重要吗？

儿子信任妈妈，妈妈得到了儿子的认可。

儿子开始关注自己的发型了，知道和妈妈说自己的头发哪里需要修剪了，还知道感谢妈妈了。这就是所谓的成长吧。

"儿子，烫个头发怎样？"

"……妈妈，你是不是很好奇宠物小精灵是否能进化呀？"

臭小子，又长大了不少，都知道绕着圈说话了……其实我是真的想让他试试卷发，但还是放弃了。我坚信，如果儿子烫了头，肯定会像个大南瓜，哈哈哈哈。

## 极简育儿说

男孩子越大越不喜欢把前面的头发剪短。妈妈们可能觉得露出额头看起来会比较清爽，但孩子（我教过的孩子们无一例外）却不这样想。当我们发现孩子因把前面的头发剪短而露出不开心的表情时，就说明他们长大了。

等孩子进入青春期以后更是如此，他们会觉得前面头发短会显得脸很大，不够帅气。作为妈妈的我们最好要提前对此方面有所了解哟。

# 即使在妈妈看来是垃圾，也要尊重孩子的成果

从上幼儿园开始，儿子总是会拿很多东西回来给我们展示。可能是幼儿园的园长想借此告诉家长，孩子在幼儿园的生活是丰富多彩的吧。刚开始的时候我还挺感谢这种做法的，因为可以让我知道儿子每天都做了些什么。

"哇哦，这是我家宝贝做的吗？真了不起！非常好！"

起初会努力表扬儿子，但随着时间的推移，这种表扬也逐渐失去了意义。因为一看这些作品就知道不是小孩子自己做的，没有任何完成度可言。拿回来的东西多了，很容易会发现这些东西既没有创意，也没有什么特殊的意义。所以从某个瞬间开始，这些所谓的作品对我来说就像垃圾一样。

这些作品逐渐占据了我们家。再继续下去，家里迟早会变成垃圾场。

"儿子，这个放哪儿好呢？"

儿子回到家里最先做的事情，就是把自己的作品放在客厅一侧的展示架上。因为这样会得到客人的夸赞。其实客人们的这些夸赞全要归功于我在背后所做的工作，因为每次我都会暗示来家里的客人夸赞我儿子。当然，我并不想让儿子知道这些。

"可是儿子，之前咱们也去过美术馆，你发现了吗？同一个地方不会一直展示同一类型的作品，我们每次都会看到不同的作品。那咱们家的展示架上也只展示你最近的作品岂不是更好？虽然你的每一件作品妈妈都非常喜欢，但能让客人们看到你的新作似乎会更好。你觉得呢？"

从那以后，展示柜上摆放的都是他的新作。每当放不下的时候，不用我亲自动手，儿子会自动选出来一些扔掉。就这样，展示柜上再也没有出现拥挤的情况，因为上面只展示儿子的最新"力作"。

## 极简育儿说

《蒙娜丽莎》之所以能闻名于世与它能够被展示给大众有一定的关系吧？给孩子也准备一个可以展示他们作品的空间吧。有这样一个空间，孩子也许会成为下一个达·芬奇呢。给孩子准备一个展示自己作品的空间，并让他们自己管理，不仅能提升他们的自尊心，还有助于形成良好的整理习惯。

# 让 "力所能及的事情自己做" 成为一种习惯

"妈妈，我想喝水。"

"好嘞，水来喽。"

孩子小时候每次提出要求我都很激动："宝贝长大了，会说话了，都知道要水喝了。"但是现在，我不会这样想了。因为我不想再为孩子做这些事情了。

"妈妈，我想喝水。"

"自己拿去。"

"我够不到。"

家里如果有净水器，儿子就能自己接水喝了，可我家是烧水喝，以儿子目前的个头来说，是绝对够不到水瓶的，而且水瓶也挺沉的，总之独立完成喝水这件事对儿子来说还是比较困难的。

而我又不想每次都给他倒水，所以就想了个办法。我把水装入 500ml 的水瓶里，然后放到冰箱最下面一层，水杯放在橱柜最下面的抽屉里，保证他能够到。那里原本放的是一次性垃圾袋和一次性方便袋。

"妈妈，我想喝水。"

"打开冰箱，最下面一层有你的专属水瓶。"

"妈妈，帮我拿个水杯。"

"打开橱柜最下面的抽屉，你的水杯在那里。"

我把孩子常用的碟子和杯子都放在了他能够到的地方，所以他需要的时候就可以自己去拿了。

"习惯真是个可怕的东西。"我想起了这样一句歌词。

孩子如果因为个头不够而习惯了和妈妈说"妈妈，我想喝水。妈妈，帮我拿个杯子。妈妈，帮我拿个碟子"，那等他长大以后肯定也会继续习惯地说："妈妈，我想喝水。"

在孩子的习惯养成方面，父母会起到决定性作用。其实我所做的这些并不是为了以后能得到儿媳妇的尊敬（从小养成自己动手丰衣足食的好习惯，结婚以后也不用给媳妇增加负担），只是因为我不想再做那些儿子自己可以做到的事情。

## 极简育儿说

与其什么事都要等到孩子能独立完成的那一刻，倒不如事先给他营造可以独立完成的环境。这样很多事情孩子就能习惯去做，妈妈也能轻松不少。

# 督促孩子按时完成该做的事情

"儿子，今天星期几？"

"星期五。"

"那你还记得今天是什么日子吧？"

其实让我头疼的是他的乐高玩具。

刚开始想得很美好，给儿子专门弄个游戏房，让他在那个房间里玩。结果可想而知。呵呵呵（懂的妈妈们可以和我一起笑）。这有可能实现吗？

根本不可能。儿子想和我在同一个空间玩，希望抱着他的玩具看电视。

所以家里经常是一片狼藉。孩子还小的时候，总是让他自己去收拾玩具，但看着他困得眼睛都睁不开了，还怎么忍心继续下去？也许有能实现的家庭吧，反正我是失败了。

如果让他睡觉之前把玩具整理好，那他就会缠着我多玩一会儿。等我做完家务回头一看，发现他已经困得在那里直点头了，完美错过了整理玩具的最佳时机。把儿子哄睡之后再收拾客厅，等到第二天我起床的时候会发现，昨晚的劳动成果已经如海市蜃楼般消失得无影无踪（因为儿子比我起得早）。我究竟是为谁收拾的客厅？

## 让孩子能够遵守约定

我俩谁都享受不到整洁干净的客厅，所以我干脆放弃了，只做自己想做的事情，用之前打扫房间的时间看看自己想看的书，做做自己想做的事。但前提是我会和儿子约定好，周五晚上客厅里不允许出现玩具。当然，我会如实告诉他理由。

"妈妈希望周五晚上你能把客厅里的玩具都收拾干净。因为妈妈周五晚上要打扫房间。玩具会严重影响妈妈清扫的速度。其实我是想让你每天都收拾的，但考虑到这样你会很辛苦，所以你一周收拾一次就可以了。另外，周末妈妈想在干净整洁的客厅里度过，如果看到到处都是你随手丢弃的玩具我会很郁闷的。平时妈妈都会优先考虑你的感受，希望周末的时候你也能考虑一下妈妈的感受。"

"好的，没问题。"

达成共识后，周五晚上等孩子睡着以后，我就可以在整洁干净的客厅里看电影、看电视了。周六早上起床之后也可以在整洁干净的客厅里喝茶、看书。而且，周末郊游回来也不会再因为看到乱糟糟的客厅而郁闷了。

"儿子，咱们约定好的是你需要在周五几点前收拾好玩具来着？"

"晚上八点前。"

"那八点一到，如果客厅里还有玩具我就会全部扔掉，还记得吧？现在几点了？"

"记得记得。"

儿子看了下时间就开始收拾。当然，我是不会帮他的。因为这本来就是儿子该做的事情。这时，我会在心里想：儿子，一到这个时候你就闹心是吧？但妈妈只要一到这个时候就开心地想哼小曲儿。我会自动屏蔽掉你的叹气声的，嘻嘻嘻，好好干！

## 极简育儿说

如果真想整理，那就要让每个物品出现在它原本应该出现的地方。就像牙刷需要放在卫生间，炒锅会放在水槽下面的橱柜里一样，孩子的物品也需要放在固定的地方。只要确定好每个物品的存放位置，那孩子就会很快收拾好。对了，不要让他们把玩具箱装得太满，也不要都放在书架上，多给他们固定几个可以存放玩具的地方。

# 让孩子明白错在哪里

洗衣机又洗出来一批衣服。冬季的厚衣服洗了一批，夏季当天穿的衣服洗了一批。

虽然我并不是个干净利索的妈妈，可我儿子对穿衣方面非常讲究，尤其是夏天，当天穿的衣服必须换掉。而我又没有理由去阻止他的这种行为，所以有些郁闷。

其实洗衣服并不是什么困难的事，只是他脱下来的衣服总是反着的，这令我很恼火。袜子是反着的，裤腿有一条是反着的，T恤的一只袖子也是反着的……还不如干脆全都反着了。

每次洗衣服都是一样的流程，洗涤，晾干，叠好，放起来……可每洗一次衣服都把我累个半死，因为我需要把袜子一只一只地翻过来，一到这时我骂街的心都有了。

如果有烘干机会节省不少时间，要不买一台？不，之前没有烘干机过得也挺好，再忍忍吧。两种想法一直在心中打架，好烦呀。总不能因为长了皱纹就非得去打肉毒杆菌吧。

所以，我改变了策略，我的新策略就是：

袜子反着洗。

袜子反着晾。

袜子反着叠。

如果裤子有一条裤腿是反着的，那就反着洗。谁看不惯谁就翻过来。就像反复说同一句话会让人厌烦一样，每次都去翻裤腿也会令人崩溃。

儿子早上穿衣服的时候有点蒙了，因为袜子和裤腿不同于往常，都是反着的。他摇晃着小脑袋问我："妈妈，袜子和裤子怎么都是反的呀？"

"是吗？我也不知道，是洗衣机弄的吗？"

儿子似乎也明白怎么回事了。

从那以后，他一如既往地会把反着的袜子和裤子放入洗衣机内，但再也不会问我为什么洗完的衣服会是反着的了。因为他很清楚原因。早上他也会自己把衣服翻过来穿好。多好呀，再也不用为衣服是反着的而郁闷了。后来，看到一位专家说，袜子反着洗会更干净。其实不管是正着洗还是反着洗，结果都是一样的，所以何必计较那么多呢。

## 妈妈要做的事

孩子还小，即使大一些也不可能主动把反了的衣服翻过来。纠正这个问题的方法只有一个，那就是让他亲眼看到洗衣服整个过程的辛苦，否则他会一直以为洗衣服是件很轻松的事情。

结婚之前，妈妈每次洗衣服的时候都会和爸爸说好几次把袜子翻过来。当时感觉这也不是什么大事，何必计较呢。但亲身经历过之后才明白，这真的会令人抓狂。但儿子能明白洗衣服的辛苦还需要很长时间。我是真的不想每次都因为反着的衣服说他，喊他，骂他，让他伤心。所以我选择了可以两全其美的方法。

儿子每次穿衣服时都需要自己把反着的袜子、衣服、裤子翻过来，但感觉他并不在意，所以我也就不觉得有什么大不了的了。

### 极简育儿说

如果孩子能自己把换下来的衣服放到洗衣机里那是最好，但如果做不到，我们可以在浴室旁准备一个漂亮的脏衣桶。最好是大小适宜，而且一定要有盖子。既美观，又不需要孩子费力气。大家要明白，家长不停地训诫和唠叨是改变不了孩子的，只有改变环境，才能让孩子发生变化。

# 让孩子明白有失才有得

儿子是长孙，所以无论在奶奶家还是外婆家都是集万千宠爱于一身。长辈们表达爱的方式虽然多种多样，但有一样是统一的，那就是买玩具。

去奶奶家奶奶会问："给你买点什么玩呀？"

去外婆家外婆会问："有没有什么想要的玩具呀？"

他们打电话的时候也基本都会问："想玩什么玩具不？"

真是个幸福的小朋友。

结果，家里的玩具堆成了山。各种各样的变形金刚、机器人、车、枪……数都数不过来。

实际上这些昂贵的玩具没有花我一分钱，全都是爷爷、奶奶、叔叔、姑姑、舅妈给买的，我根本没有在这方面花钱的机会（当然，即使我有闲钱也不会给儿子买这么多玩具回来的）。但是家里简直成了玩具反斗城，刚收拾好马上又会到处都是玩具，只有电视和床上幸免于难。真是够了，我不想生活在玩具堆里。

## 处理物品要得到孩子的允许

"儿子，我们得整理一下你的玩具了。妈妈因为这些东西很苦恼。咱们把玩不了的，或者是不玩的整理出来吧？"

"不。"

得想个能让儿子上钩的办法了。天天和他斗智斗勇，感觉自己的脑袋绝对不会生锈。

想到办法后我和他说："咱们以后好像不能再买新玩具了。因为咱家太小了，已经没有地方可以放新玩具了。"

整理箱里堆满了各种机器人，这一点儿子也很清楚。不错，事情正在按照我想象的方向发展。

"妈妈，那咱们整理一下吧。"

"是吧？那咱们先把可以丢掉的玩具找出来吧？"

"嗯。"

儿子只回了个"嗯"，可见这件事对他来说有多难。经过慎重考虑，最终被挑出来的只有两个少了胳膊的小人儿，单价大概是 6 块多钱。没想到我们家竟然还有这种由几块塑料拼成的简易玩具。儿子说别的他都很喜欢，不能扔。

还得继续想办法呀。

很快，我就又想出了办法，在和儿子的"斗争"中，我可以说是个天才。

"儿子，咱们用卖玩具的钱买新玩具好不好？"

"嗯？新玩具？"

"是呀，可以把不玩的玩具卖掉，用挣来的钱买新玩具。"

"行，就这样办吧。"

## 和孩子商量之后再行动的重要性

当时我正着迷于极简生活的理念，这主要是因为我在衣物收纳方面是个十足的白痴。其实在对待物品这个问题上，儿子和我还是有共同点的。儿子舍不得扔掉玩过的玩具，而我舍不得丢掉穿过的衣服。通过对极简生活理念的学习，我最终选择买一条新裙子的同时要舍弃两条旧裙子的方法。因为我在衣物保管方面做得还不错，所以衣柜里有很多已经 10 年，甚至 15 年的衣服，怎么收拾都没有多余的地方放新衣服了，所以只能选择丢弃。

儿子的玩具也是一样的情况。开始想的是送人或者扔掉，但玩具也是有流行趋势的，不可能玩个一二十年。而且儿子非常爱惜玩具，基本没有坏掉的，无论是送人还是扔掉都不太合适，所以就决定卖掉。

"卖掉两个玩具可以买一个新的。"

"为什么只能买一个新的，不应该是两个吗？"

"咱们卖的是旧玩具，所以价格肯定不能和新的比。"

"啊……原来是这样啊。那咱们把这两个卖掉，然后买个新款变形金刚吧。"

"这好像有点困难。妈妈觉得这两个玩具最多能卖 30 多块钱，而你想买的那个变形金刚要 600 多块呢。"

"那怎么办呀？"

"你把说什么都不能卖的玩具先装到这里。"

儿子选好之后我们就开始整理剩下的玩具。

"儿子，我们需要把这些玩具挂到网上售卖。但是，如果玩具太脏就没有人会买。你也不想买脏兮兮的玩具，对吧？"

"嗯。那我用湿巾把这些玩具擦一擦。"

"对喽。"

擦干净之后，我让儿子亲自给这些玩具拍照。照片刚挂到网上，就收到了很多感兴趣的买家发来的信息。我们都没有想到这些玩具会这么受欢迎。在结束了第一笔交易之后，我和儿子都很兴奋。

"儿子，邮寄时需要什么？"

"箱子。"

儿子有个在我看来非常不好的习惯，那就是攒玩具的包装盒。每次整理家里杂物的时候我都想扔掉，但他总是会想办法留下来……真是太感谢儿子的这个"好"习惯了，让我们省下了一大笔包装箱的钱。原本还因为这些玩具盒占据了一整个衣柜而抓狂，没想到竟然会带来这么大的惊喜。

之后的几天我和儿子重复着选玩具、擦干净、拍照、上传的工作，很快那些不玩的玩具都飞向了需要它们的地方。

我们家慢慢变得宽敞起来，而且收益也很可观，用这些钱买几个600多块的新玩具绰绰有余。当然了，儿子收到新玩具的时候非常开心。看到空出来的衣柜和儿子宽敞的房间我也非常满足。

这就是幸福。剩余的钱还买了点炸鸡和冰激凌吃。虽然没详细和儿子说明卖玩具所得的收益和支出情况，但整理的过程让我和儿子都感到了各自的幸福和满足。

## 极简育儿说

二手玩具交易的时机非常重要。因为如果等孩子玩够了再卖，很有可能就不流行了，那么即使再干净也很难卖出去了。这一点也需要让孩子有所了解。其实，我们并不需要向孩子说明供给与需求的关系，只需要让他们在二手玩具交易中亲自体会并理解这些经济规律就可以了。而且，在上传照片的时候也要让孩子知道干净的物品才受欢迎，这样他们以后才会更加爱惜自己的玩具。

受不了了，我不想生活在玩具堆里。

# 做不了的家务可以外包

成为有钱人最基本的方法就是外包。把不是必须自己来做的部分家务活承包给别人，而自己只需要全身心投入到只有自己做得了而别人做不了的事情上。别人能做的事情让别人做，这期间我可以尽情玩耍。玩的过程中也许会迸发出新想法、新创意，最大程度提高做事的效率。

生活中，我最幸福的瞬间就是将家务活外包出去。洗碗机、洗衣机、无线吸尘器在运转的时候，我会有一种成为有钱人的感觉。（本来也尝试把一部分活儿外包给扫地机器人，但很快就把它解雇了，原因是那家伙会让我更操心。）出于对我今后幸福生活的考虑，我正在计划弄一台烘干机回来。

还有一件事让我感到很幸福。

有一次邀请许久不见的朋友来家里吃饭，朋友对我的厨艺赞不绝口。我们俩都清楚这是真心的称赞，因为我自己吃着也觉得很好吃。饭后朋友问我秘诀，我说："其实我只做了米饭而已，那些菜都是在饭店买的。这家店我找了好久，虽然离我家有些远，但还是值得一去的。味道很不错吧？"

## 可以减少家务时间的打包菜

平时吃的菜其实去好吃的饭店买回来吃就行。这可比每天为吃什么而烦恼好太多了。而这种方式其实也属于家务外包的一种。

我家人吃菜不多，所以买做好的菜回来吃比自己做着吃更划算，这一点我也是最近才发现的。既可以满足儿子的口腹之欲，也可以方便我，真可谓一举两得。而且最让我放心的一点是，这家店的菜不放任何防腐剂之类的东西。因为不及时吃，很快就会坏掉。

和妈妈一起生活的四十多年间，除了爸爸喜欢的鱼酱以外，我从来没见过妈妈买现成的菜回来吃。由于爸爸在吃的方面很挑剔，所以妈妈的厨艺堪比大厨，与出去吃相比，我们也更喜欢在家吃妈妈做的菜。因为妈妈做得更加丰盛，更加好吃。可这对妈妈来说既是幸福的，也是不幸的。当时觉得妈妈做这些是应该的，可等我嫁人之后才发现，妈妈是多么伟大。

拥有傲人厨艺的妈妈渐渐上了年纪。而且随着年龄的增长，身体也开始出现一些问题。几年后，妈妈的舌头不那么灵敏了。虽然孩子都已成家，妈妈不需要再为我们准备饭菜，但每天做她和爸爸两个人的饭菜，对她来说也不再是件容易的事了。

## 多为妈妈考虑

我强行让妈妈接受了买现成饭菜吃这件事。因为爸爸从来不吃这种外面买回来的菜，所以开始的时候我会先把菜放到我自己家的保鲜盒里，然后再拿到父母家。这样他们会以为这些是我亲手做的，所以会很开心地吃掉。几次之后，我就不再换保鲜盒了，从饭店买来直接就送去，包装袋上面还印着饭店的名字。抗拒外来食物的爸爸也只能继续吃下去。妈妈脸上的微笑却越来越深了。

"妈妈……妈妈也活得轻松些吧。我现在终于明白当时为什么您总说出去吃了。当时我还因此生气，真是太不懂事了。而且我们买着吃的话，饭店老板能挣到钱，日子也能过得好些。妈妈也加入到我的行列里来吧，绝对不是什么坏事。"

刚开始还劝我不要再买回来吃的妈妈，现在也开始隐隐期待我每天的到来了。这对我来说也是件幸福的事情。

"妈妈，我以后也不再回来拿酱和泡菜了。这些都饱含了妈妈的辛劳。真是对不起，结婚了还回来拿这拿那。现在女儿已经懂事了，我们都要更加幸福地生活。妈妈，对不起，谢谢，我爱您。"

## 极简育儿说

对我来说，洗碗机就像是救世主，因为我可以将一些家务外包给它。如果不太会整理餐具，建议把那些不常用的餐具放到洗碗机的最上面，或者扔掉。其实洗碗机不仅可以洗碗，还可以当成餐具收纳盒来使用，这不就方便多了嘛。等形成习惯以后，也许可以为我们节省出三年的时间。

# 定好做家务的时间

迄今为止，我都在努力地生活。就像赛跑一样，我一直努力地向前跑，可惜我的赛跑实力并不强，永远都是第五名。

接受了 12 年小初高教育，考入大学，积极就业，努力适应职场生活，结婚，生子，养娃……窒息的感觉扑面而来。

但是我却无法停下步伐。看育儿书，做辅食，为了成为好妈妈，所有能做的我都尝试了，但还需要继续向前跑。

我告诉自己要忍耐，忍耐，再忍耐，但是管他呢，我不能再这样生活下去了。

"因为我是妈妈，就必须围着孩子转吗？"

"因为我是妈妈，就必须承受育儿的烦恼吗？"

家务活是怎么干也干不完的。洗完衣服，晾干，叠好，再洗。洗碗池里总是堆满了需要清洗的餐具。这边刚打扫完房间，那边灰尘马上落回了原处。怎么就这么多灰尘呢？难道得换个房子？得让吸尘器 24 小时不间断工作？

看到蹬转轮的小地鼠，不禁让我感慨：这小家伙天天就是吃完了拉臭臭。它不需要清理自己的便便，也不需要为了食物而烦恼，只需要吃完了蹬蹬转轮来促进消化，可我呢？

每天都在不停地做家务，可从没瘦下来过。家务的压力无形中不断积累，而且家务做得越多，压力就越大。不行，我得为自己制订一个家务时间表。

因为平时需要工作，所以我决定不再苛求自己，从而放弃了拥有完美客厅的想法。为了能够享受美好的周末时光，我打算周五进行大扫除。周五也是之前和儿子定好他收拾玩具的时间。等他收拾好自己的玩具，我的吸尘器工作效率才会更高。这样一来，我家客厅周末的时候可以堪比酒店（当然，在我看来是这样的）。

周五扫除，周四洗衣服。这样在扫除之前就可以把前一天洗好的衣服收起来。周末也不用看到脏衣服了，干净整洁之感油然而生。此外还需要做什么吗？不，只需要尽情享受就好了。

## 无需操心家务的方法

不操心是需要方法的。如果总想着得做家务，那就会一直辛苦下去。其实并没有自己非做不可的家务，也没有家庭主妇必须要做的家务，或者说根本没有家庭主妇不做不行的家务。
这些都是家庭主妇需要做的，都是我需要做的，我不做不行，
这是我的分内之事……如果一辈子都这么想，那简直是糟糕透
顶。我们一定要这样吗？

因为都认为家庭主妇是专门做家务的，所以我决定放弃做
家庭主妇。不是说什么家务都不做，也不是说雇钟点工来家里
打扫。众所周知，钟点工一周来收拾两三次也并不能减轻我的
负担。我的意思是只做我想做的家务。

我家最干净的地方就是我的卧室。因为这儿是家里唯一一
处没有被儿子玩具染指的地方（家里其他地方到处都有儿子的
玩具）。我可以在这里安心读书。

我在卧室读书写作，儿子在客厅看电视、玩耍，各得
其乐。

肯定有不少人会感到好奇，在家能写书吗，而且还是在有
小孩子的家里？当然可以了！

其实很简单，只需要抛弃家庭主妇的身份。我就是我，我
再也不做家庭主妇了。我不喜欢家庭主妇的工作，也做不好。
现实一点说，就是丢掉想象中那种完美的家，丢弃想要处处完
美的奢望。

放弃也是一种选择。丢掉奢望也是一种方式。谁都希望自
己的家一尘不染、干净整洁，但相应地就会付出很多，还有可

能让自己变得歇斯底里。我不想变成那样。家里不够干净没关系，我只需要把精力都集中到自己想做的那部分就可以了。

## 定好每天家务活的量

妈妈对孩子的爱要适度。所以我决定每天抽出 15 分钟全身心投入到孩子身上。一天 24 小时才抽出 15 分钟投入到孩子身上看起来很少，但每天都和孩子完成 15 分钟高强度的游戏活动难道是件轻松的事情吗？

对我来说，和孩子一起玩 15 分钟不亚于让我去做不喜欢的运动，所以我需要更大的耐心和意志力。这 15 分钟和其他照顾孩子的时候完全不同。

在这 15 分钟里，我会放下所有的事情，在他希望的时间里，按照他的方式一起和他玩他想玩的玩具和游戏。这是我一天中最重要的事情。之后我会独自享受四个小时的安静时光，即使儿子的朋友们来做客也一样。

生活需要公平。如果让我放弃属于自己的幸福时光，那家庭主妇和妈妈的身份也会变得黯淡无光。妈妈就要尽全力爱上属于妈妈的生活，做自己想做的事情让自己幸福，即使儿子并不关注我是否幸福。反正，我是不会轻易放弃属于我的时间的。

## 极简育儿说

　　每年都抽出来一两天，让家人整理一下不需要的衣物，在这个过程中我们会发现，孩子可能会比我们整理得还快。整理的时候我们可以和他们说："把袋子装满的话，会给你零花钱。"

　　我们要让孩子学会自己清理不需要的物品，当看到他们提着满满一袋子不需要的物品走出家门的样子，我们会非常感慨，感慨于他们的成长。

　　放弃也是一种选择。丢弃奢望也是一种方式。谁都希望自己的家一尘不染、干净整洁，但相应地就会付出很多，还有可能让自己变得歇斯底里。

# 第4章

## 妈妈和儿子各自的幸福时光

极简育儿探寻自我生活

# 告诉孩子妈妈的优点

"妈妈，您今天的时间是怎么安排的？"

"今天我要去做志愿服务。"

"去哪里？医院，还是图书馆？"

"今天去医院。"

并不是特意跟儿子炫耀我做志愿服务的事，因为这本身就是一件有意义的事。

"儿子，等会儿过来呀？"

"好的。"

"看这个，不错吧？"

"这是什么？"

"这是这本书的作者给我签的名。"

"你们见面了？"

"嗯。羡慕吧？今天我去听了他的讲座。因为我觉得他非常了不起，所以去之前特意买了一本他的书带去。演讲结束后我请他签的名。好开心。这里还有你的名字呢，是妈妈拜托他写上的。"

"哇！真的有我的名字耶。感觉好神奇呀。今天的讲座妈妈学到东西了吗？"

"学到了不少知识。这位作家让妈妈多和你说爱你，还让我多抱抱你。所以妈妈要努力了。"

其实我撒了个小谎。

我确实去了讲座现场，也确实拜托那位作家写上了儿子的名字。但这次的讲座并不是育儿，而是有关人文学的。和儿子讲人文学的东西他也听不懂，而且和一个上幼儿园的孩子讲哲学，他会觉得我是个无趣的人，所以还不如和他说一些他喜欢听的事情呢。

## 让孩子知道我们了不起的理由

我给孩子的印象是这样的：我的妈妈是热衷于志愿服务的人；是从不浪费时间努力生活的人；是能竭尽所能为别人提供帮助的人；是为了把我养育好而不停努力学习的人；是听老师话，并能将好的经验应用于实践的人；是喜欢读书的人；是参加讲座时能向作家索要签名的人；还是个会写作的人。

很不错是吧？不会是我自己的错觉吧？嘻嘻嘻……

我并不想直接告诉儿子你要努力学习，你得多看书，多听讲座。我想让儿子通过看和听来自己领悟，然后再告诉他该怎么做。我更喜欢和他讲我自己的故事，我都是怎么做的，虽然有时候也会撒点小谎，因为我总不能和他说因为讲座比较无聊，我和朋友聊天了，还逛了网店。

"妈妈，今天去学什么？"

"最近我在学习犹太人的传统教育方法，特别有意思。"

如果发现他对犹太人的教育方法不感兴趣，那我就不会和他进行具体说明。我只会告诉他我自己的感受：妈妈因为学到了新知识，所以感觉自己有了一个新大脑。妈妈很开心，因为自己又变聪明了。而且学习新知识还让妈妈油然而生了一种通过自己努力会比别人更强的斗志。学习新知识是件能让妈妈感到幸福的事情。

## 妈妈的成长助力孩子的成长

不知道儿子有没有听进去我说的话，但我希望他能感受到我的快乐，希望他也能产生那种因为学到新知识而觉得自己有了个新大脑的感觉；希望他能发现自己的进步，并产生通过自己的不懈努力不断超越别人的想法。

把之前不懂的事情弄清楚是件幸福的事情，而能够发现这

种幸福才是生活的真谛。即使没考上大学也没关系，因为生活
本身就是学习。

## 极简育儿说

> 我敢说，如果没有孩子，我肯定不能成为作家。
虽然还没完全准备好我就做了妈妈，但我也想成为优
秀的妈妈。刚开始我也想把孩子培养成各方面都优秀
的优等生，但很快发现这并不现实。所以我决定先从
改变自己开始，让自己先变成"别具一格"的妈妈。

> 我认为能够为变得更加优秀而不断努力的人就是
优秀的人。所以我现在才会在书里写道：放弃"我不
行"这种想法，试着挑战一下"不可能"。因为我真
心希望儿子以后也能以这种心态生活下去。

# 寻找自我价值

　　我结婚生子算是早的。28 岁结婚，29 岁生了宝宝。可能在朋友中，我是最早完成结婚生子的。也许是因为这个原因，婚礼上来了好多朋友，生子之后，大家可能是出于好奇，好多朋友都来家里围观儿子。

　　他们来的时候带的都是宝宝衣物、纸尿裤、电动玩具等婴儿用品，没有一样是给我的。当然了，他们是为了祝贺宝宝的出生，送这些礼物无可厚非。

　　可为什么会这样呢？为了生宝宝我也受了很多苦，生产过程中最辛苦的难道不是妈妈吗？

## 崇尚自然主义的妈妈

　　虽然是第一胎，但为了宝宝的身心健康，我最终选择了自然分娩，没有选择无痛分娩，也没有侧切，没有灌肠、脱毛，也没有打催产针，我要用最自然的方式来迎接儿子。因为我不是高龄产妇，也不是生二胎宝宝，所以大家对于我的这个选择都感到意外（其实我自己也很担心），但我认为，自然分娩无论对我还是对儿子都是最美好的瞬间。

儿子刚生出来的时候连着脐带被抱到了我的肚子上，当他听到爸爸的声音后马上停止了哭声。更为神奇的是，在没有任何人教他的情况下，他娴熟地衔住了我的乳头开始吸吮。就这样，在没有剪断脐带的状态下，我们一起相处了二三十分钟。好幸福啊。

做完产后处理，我马上坐在没有坐垫的地板上开始喝海带汤，吃月子餐。感觉除了肚子上戴的束腹带和有所增长的体重外，没有什么需要特别恢复的。而且生宝宝似乎也没有那么可怕（宝妈们交流的时候可千万别这么说哟，我其实是在说大话）。

说实话，生宝宝感觉真像是鬼门关里走一遭。我这么辛苦地生了宝宝，朋友们来竟然只带了宝宝的礼物，没有口红，没有围巾，也没有化妆品。难道生完宝宝之后我就不需要化妆，不需要戴围巾了吗？为什么我没有礼物呢？

刚开始的时候我还在为自己抱不平，后来我慢慢明白了，像口红之类的礼物对于妈妈们来说确实是缺少实用性。但即便是这样，难道我就不应该收到橡胶手套、好收拾的地垫，或者是吸尘器之类的礼物吗？

## 妈妈的自恋

我虽然是妈妈，但在成为妈妈之前我就是我自己。对于我这类女生来说，没有宝宝我是我自己，有了宝宝我也是我自己，当然我无法摆脱已经成为有娃阿姨的事实。我十分羡慕穿着高跟鞋推婴儿车的巴黎女生，也很赞叹法国政府在对待产后问题上，更加关注的是产妇产后子宫的状态，为他们提供持续的检查与跟进，同时还提供有关性生活方面的咨询服务，而不只是把关注点放在婴儿的健康状况上。诚然，婴儿的健康状况同样非常重要。产后脱发对我产生了很大的困扰，真后悔小时候没有好好摄取营养元素。

脸蛋儿漂亮了心情也就好了，头发顺滑了脚步都连带着轻盈了。我不是为了当妈妈而出生的。如果我的生命会超过百岁，那我当妈妈的时间也就那么二三十年。因为孩子大了之后就会有自己的生活，而我并不想等儿子独立之后再去重新寻找自己的存在感。我就是我，所以我需要专门为我准备的礼物。

## 极简育儿说

　　我拥有妈妈这个身份已经超过十年了。当了妈妈以后我的关注点转移到了儿子身上，喜欢看他可爱的小脸蛋，买衣服和鞋子的时候基本上都是先给他买，然后才是自己。

　　可是突然有一天，我意识到了一个问题，我也正处在如花似玉的阶段，却完全忽视了自己的生活。在我的人生中，最耀眼的人就是我自己。我在年纪更大之前，如果有想做的事情一定要鼓起勇气去尝试一下。勇气不是源于内心，而是生于行动！

# 陪孩子的时候也要保证拥有自己的时间

产检的时候我认识了一个朋友，刚开始我们只是陌生人，后来因为观点一致就变成了闺蜜。

那时我们俩检查结束后会一起去逛会儿商场，喝着桑叶茶，相互鼓励着，共同努力度过并不轻松的孕期。这就是所谓的战友情吧！

我们同龄，又在相同的年纪有了宝宝，而且还都是男宝宝，这让我们很快就亲近起来。她不仅长得漂亮，还心地善良，志趣相投让我们能相互安慰。

她有两个儿子，和我儿子同龄，所以孩子们很快就玩到了一起。我们还感慨，如果她家有一个女儿的话，我俩就很难像现在这样尽情享受属于我们自己的时光了。

阳光明媚的一天，我们带着孩子们去公园散步。公园里满是花香，我们品着咖啡享受着这美好惬意的时光。公园里随处可见推着婴儿车散步的妈妈们。

"亲爱的，辛苦了，太了不起了，把孩子养这么好。"

我们相互称赞、相互鼓励着。

"是呀，我们都辛苦了。不知不觉孩子们都这么大了。如果再让我生养一次的话，我肯定不干。"

"哎……我现在是手腕、脚腕、腰都疼，可不能像以前一样背他们了。"

"看，那个小朋友可能也就两岁的样子，妈妈还得吃多少苦呀，想都不敢想，真的。"

"感觉给他们换尿布也就是前几天的事，一转眼都上小学了。我们真是太了不起了。"

突然，我们的对话被打断了。

"妈妈，什么时候回家？"

三个小鬼头一起跑向我们，看来是没意思了。也是，公园里没有游乐场，确实容易让孩子们感到无聊。但是我又不想这么早回家，这违背了我追求幸福的初衷。于是我想出了个计策。

"孩子们，现在阿姨给你们布置个任务。"

"任务？好呀好呀。"

"有奖品吗？"

"当然有了。"

"奖品是什么？"

"先保密。现在发布第一个任务！第一个任务就是抓菜虫。准备，出发！"

"哇哦，出发！"

小伙子们一溜烟儿就跑没影了。本以为我们可以继续之前的话题，然而……

"阿姨，我们抓到菜虫了。"

"是不是很快？"

"好厉害呀！刚刚是练习（我必须承认，我有点无耻了）。真正的任务是抓十只一模一样的菜虫回来。准备，出发！"

就这样打退了"敌人"，感觉手里的美式咖啡虽然没有放糖，但也是甜的了。

"现在公布第二个任务。这次是找松塔。你们需要找到比我手里的这个松塔层数更多的松塔。你们看，阿姨手里的这个松塔有1层、2层、3层……16层。你们找到超过这个层数的松塔就算完成任务。准备，出发！"

"现在公布第三个任务。第三个任务是找树叶。你们要找到比阿姨手里的这片落叶更红更漂亮的。准备，出发！"

我的计谋是成功的。

孩子们要找到藏起来的菜虫需要跑很远，捡松塔会很辛苦，找树叶的时候还需要挨个比较，这让我和朋友能尽情享受聊天时间。给孩子们布置的任务有时候还会是找数字、找字等。

　　奖品是一成不变的。任务结束后我和朋友会领孩子们去玩具店。他们可以选择自己喜欢的玩具，很有诱惑力吧。但是玩具的价钱是限定的，每个玩具十块钱。

## 极简育儿说

　　大家有那种能互相敞开心扉的朋友吗？即使偶尔见面也不会感到有距离感，聊一宿也不会厌倦，说什么都会得到对方的支持。虽然有很多人在结婚生子后会和朋友有所疏远，但还是希望能抽空联系一下。不聊孩子、丈夫、婆家，聊一聊"自己的事情"，那些藏在心里的话。

# 不要错失让别人帮我们照顾孩子的机会

唯一的女儿（我）出嫁后生了唯一的外孙，而这个外孙非常会说话，总是和外婆说外婆最漂亮，连妈妈和舅妈都比不上。老人家就像收到了天大的礼物，非常开心。当时孩子的外公还很健康，外公是这个世界上最理性的人。

那时，这个小家伙睁着圆溜溜的小眼睛看着外婆说："外婆最漂亮。"

结果外孙得到的爱可想而知。

而我却完全成了罪人。给儿子衣服穿少了，他们觉得会冻到儿子。衣服穿多了，他们觉得会热到儿子。饭吃多了，他们觉得儿子会变成小胖猪。不给零食吃，他们觉得会饿到儿子。不让儿子学习，他们觉得我在毁儿子。让儿子去学跆拳道，他们觉得我太狠心。让儿子看电视不行，不看电视也不行。总之，我做的一切都是错误的。

他们对我的定罪没有标准，总之都是我的错。其中最大的一个罪过就是让他们的外孙被蚊子咬，简直就像犯了死罪一样。

孩子小的时候他们这么大的反应我还能理解，因为担心会被蚊子传染上疾病（虽然是听我妈妈说的，但我觉得还是有一定的道理）。看到儿子因为奇痒难耐而遭罪，我的内心像被什么东西撕开了一样。当时我们都非常小心，到处寻找蚊子的踪迹并将其消灭。

然而，等儿子长大一些，甚至都上了小学，他们还在因为儿子被蚊子咬而责怪我。所以，如果发现儿子被蚊子咬了，我肯定不会带他回娘家。这样心里会舒服点。

## 协助育儿的主要场所——娘家

冬天的某一天，正确来说是孩子的寒假已经过去 16 天了。每次我妈妈都会因为想外孙而给我打电话，让把孩子送过去待几天，可这次寒假，妈妈那边竟然一点消息都没有。

"咦，真奇怪。按理说应该来电话了呀。"

我给妈妈打了个简短的电话。

"妈妈，这次怎么没说想外孙呀？这周四让他去您那里可以吗？"

"来吧。"

每次通话都是这样，说完重要的事情就果断挂掉（说多了就很容易吵起来）。周四我如约把儿子送到了娘家。

"妈妈，这次可以帮我照看几天？"

妈妈果断地伸出了一个食指。难道世道变了，外婆对外孙的爱都能冷却？这是怎么了？

"只有一晚？不是非让待一周，而是只有一晚。"

我点了点头就去上班了。

其实放寒暑假对于小学生的妈妈们来说，并不是个好消息。因为一放假就需要和孩子们 24 小时亲密接触，相互之间很容易成为对方的攻击对象。其实最令我头疼的是孩子的一日三餐。对于我来说，准备儿子的饮食简直堪比灾难。此外，还需要准备加餐。

我把课外辅导时间缩减到了最短，取消了所有休息时间，自己上午需要上的课全部终止，读书分享会也中断了。儿子放假期间我需要做的事情不少反多，而妈妈却只给了我一晚的休息时间，我好伤心，眼泪都要流下来了。

虽然娘家没有理由一定要帮我照顾孩子，但一出现落差就会让我有点接受不了。我只想站在我的立场上考虑问题。

抱着一丝侥幸，下课之后我直接回了家。不用哄孩子睡觉，也不用因为到处堆满了玩具而感到烦躁，感觉家里焕然一新，我美美地睡了一大觉。第二天一早，我正要去上班就收到了妈妈的信息。

"什么时候来接孩子呀？"

原来妈妈不是开玩笑的！想打电话和妈妈确认，但电话响了三秒我就挂断了。妈妈这次是认真的。下班后，我开车去了娘家。

我走着走着一股悲伤油然而生。以前是谁因为想孙子又唱歌又表演节目的，现在唯一的女儿需要帮助了却毫不犹豫地拒绝。好委屈，眼泪哗哗地掉落下来。再也没有寒暑假的时候可以帮我照看几天孩子的妈妈了。其实，小学的假期是幼儿园的一倍，这是问题的根本所在。

擦干眼角的泪珠，我来到了妈妈家。暴躁地打开妈妈家的大门，我站在门口招呼儿子，一步也不想踏进家里。只想接到儿子马上走，我浑身散发着冷气。这时，我看到儿子拎了个大纸袋子出来。

"儿子，这是什么呀？"我明知故问。

"啊，这是外婆给我买的新衣服。"


## 唯一的情感宣泄对象——妈妈

我妈妈始终走在潮流的前沿，受此影响，我小时候喜欢漂亮的衣服。所以我和妈妈的衣柜总是塞得满满的，但还总觉得没有衣服穿。结婚后，我实在不擅收纳，渐渐放弃了时尚，选择了实用。

不买需要干洗的、容易起皱的、需要特殊保管的、走在时尚前沿的、过于昂贵的衣服。经过几轮买买扔扔之后我发现，衣服只要合身，冻不着热不着就行。

但是，妈妈对时尚的热情从没有间断过，以至现在转移到了外孙身上，经常会给儿子买漂亮的衣服。因此我也省下了一大笔给儿子置办衣服的钱。在我开始提倡极简生活之前，我还是很感谢妈妈的这种付出的。

但当我沉迷于极简生活之后，对于衣服方面也是能少则少。儿子已经有三件派克大衣、三件派克坎肩和两件厚外套了，冬季的衣服已经足够。结果外婆又给买了一件！我抢过儿子手中的大纸袋，和他说："儿子，你先去车里等妈妈，我和外婆说会儿话就去找你。"

我不想让儿子看见我和妈妈吵架。好了，战争开始。我使劲把袋子扔到地板上，发出很大的声音。

"妈，我什么时候让你给他买衣服了？我都和你说过他的衣服已经多得没有地方放了，别再给他买了！他不需要！您知道我需要什么吗？为什么您总是一意孤行？"

我一口气喊出了我想说的话，而妈妈却一句话也没有说。

我上中学的时候妈妈还不是这个风格呢，怎么可能不说我？难道是因为上了年纪，没有力气收拾无理取闹的女儿了吗？写作的时候我还一直在思考这个问题，可能是妈妈上了年纪，没有精力再帮我照顾一整天儿子了。总之，那天妈妈什么都没有说。

我单方面地冲妈妈发了顿火，然后使劲关上门走了。可笑的是，在这场战争中我是个失败者。大门有防夹功能，所以并没有发出我预想的咣当声。

出来之后我并没有离开，而是呆呆地站在门口。楼道的感应灯亮了又灭掉，这期间我脑子一下子清醒了。

"我为什么要生这么大的气？究竟是为了什么？衣服又没有错。我并不是因为衣服而生气。我分明是因为妈妈没有像之前那样让儿子在她这儿待三五天而生气。不是因为外婆对孙子的溺爱，而是因为我自己的贪念。期望越大，失望更大。所有的一切都源于我的贪心。"

"嘀嘀嘀嘀嘀，咔嚓。"

我又打开了密码锁，开门进来，刚刚被我扔到地上的大纸袋还安静地躺在那里，旁边还有一个透明塑料袋，里面装着儿子换季穿的卡其色棉袄。我拿起袋子又关门出来了。这次我是轻轻地关上了门。可能是因为我的内心已经平静下来了。

可我还是没有勇气去向妈妈道歉，请求她的原谅。如果一定要挑妈妈的错，那就是她没有站在女儿的立场上考虑。就像平时儿子在游乐场、幼儿园或者学校被蚊子咬到，妈妈都会责怪我一样，妈妈有时只站在自己的立场上不甚理性地考虑问题，对此我持保留态度。

## 孩子与妈妈在欲求方面的不同

幸好儿子一出发就在车后座睡着了，我可以听着广播尽情流泪。妈妈也会像我一样独自流泪吗？一想到妈妈的眼泪，我的内疚之情油然而生。

那一瞬间我明白了一件事情。我所期望的，对于儿子来说有可能什么都不是；我所表现出来的爱，儿子可能并没有感受到。儿子期望得到的爱其实很简单，那就是给他想要的东西。

我给了儿子想要的爱了吗？

我是按照自己的想法给予孩子爱的！

仔细回想一下，这好像是我第一次对妈妈发这么大火。虽然之前妈妈因为蚊子问题总是怪罪于我，但我从来没有认真表达过我的不满。因为极少和妈妈发生冲突，所以这次用了不理智的方式扎了妈妈的心。总之，这次对我们娘俩来说都是宝贵的经历。

从那以后，妈妈再看到儿子被蚊子咬也不再说我什么了。妈妈还算生龙活虎，希望妈妈至少还能活 40 年，这样我会按照妈妈喜欢的样子去生活。妈妈是爱我的。我现在明白了，其实孩子都是想按照他们的方式来得到妈妈的爱。

　"儿子，妈妈以后也会努力按照你想要的方式去爱你。"

## 极简育儿说

　　所谓爱，并不是施予者说了算，而是由接受者来判断。所以，关心与爱是同时存在的。如果只口头说爱，却没有实际关心对方，很容易让对方认为这并不是真正的爱。

　　孩子对父母真正的爱是多为父母考虑，就像父母会为孩子考虑一样。想一句话不说就从不懂事的孩子那里得到爱是不可能的。想得到对方的爱，就要大声说出来，这样才有效果。

# 划分好孩子和妈妈的权利

妈妈一如既往地爱着自己的家人。

大家齐聚一堂的时候都是妈妈忙里忙外。所以每次我回娘家都像是去了韩式套餐店。第一盘吃完之后上第二盘，然后第三盘、第四盘。有生鱼片、牛排、烤鱼……生鱼片一般以大章鱼片为主。有时也会用猪肉做炒烤肉。因为八个人围坐在餐桌旁，餐桌显得有点小，没办法一次性把菜上全，所以只能是空出来一个盘才会上下一道新菜。

当然，这只是在全家人聚在一起的时候才会出现的场景，平时不这样。妈妈的厨艺特别好，正因为如此，每次去饭店的时候她都很气愤，心想：天哪，我花钱就是为了吃这种水平的饭菜？

### 妈妈的权利在哪里？

妈妈总是在忙碌着，无论是准备饭菜，还是在吃饭，感觉她就没有时间坐下来吃口东西。等到她吃的时候，基本就剩下已经凉透的什锦炒菜和清汤寡水了，妈妈就像是来处理剩菜似的。大家开始总是会招呼妈妈一起来吃，而妈妈总是和我们说，赶紧吃，要不凉了就不好吃了，所以我们只能先吃。时间长了，感觉这就应该是妈妈招待我们的方式。

妈妈很固执，每次家庭聚餐总是让我们先吃，而她等到大家快吃完的时候才忙完过来吃，所以我们也就把这当成了理所当然。我有了儿子以后，做饭也成了我每天的必修课。我发现我不知不觉已经受到了妈妈的影响，重复做着她曾经做过的事。我感觉能让家人吃上热乎乎的饭菜是理所当然的事情。

有一次，我决定给儿子做一次手工牛肉饼。我非常用心地准备食材，处理食材，最终也确实做出了美妙绝伦的牛肉饼。经过这一次实践我发现，牛肉饼要比想象中的难做很多。因为需要放入很多种食材（饭店高价销售牛肉饼的理由就在这里）。我把看起来还不错的（因为牛肉饼无法试吃，所以我也不知道味道如何）牛肉饼端到桌子上，然后招呼儿子来吃饭。

等我把平底锅整理好，把剩下的材料放入冰箱，把切过肉的菜板和用过的碗刷好之后一回头，发现原本在桌子上的牛肉饼已经连渣都不剩了，全被儿子吃光了。我在心里冲儿子喊了一句：你这个没良心的！

牛肉饼已经全被吃光了。自己辛辛苦苦做的牛肉饼竟然一口都没吃到。看来做得太好吃也有错。如果我稍微做得差一点，也许还能吃到一口……看来是做少了，多买点食材好了。正想发火，我突然意识到一个问题！

天啊！你这是和我学的吧！今天会出现这个情况全都怪我。我在妈妈家的时候也觉得这是理所当然的，所以儿子也学会了。我永远忘不了那一天，手工牛肉饼让我明白了妈妈对孩子的付出并不是理所当然的事情。

## 找回妈妈的权利

第二天晚上，我开始展开了强化妈妈自我权利的运动。

饭快做好的时候，我叫儿子出来吃饭，儿子闻到饭香后自觉地坐到了饭桌前。

"妈妈，给我筷子和米饭。"

时机已到！我转过身来对儿子说："儿子！等一会儿！从现在开始，必须是妈妈先吃，然后你才能吃。"

儿子露出了疑惑的表情。

"从现在开始，吃饭的时候你需要等到妈妈拿起筷子开始吃以后你才能吃。因为这是小孩子对大人的尊重。我是长辈，而且饭菜都是我做的。妈妈做的这些好吃的并不是给你一个人的，妈妈也有份儿。以后不要只顾自己吃而忽略了别人，这是自私、没礼貌的行为。"

"好的，知道了。"

软萌的儿子很快理解了我的意思（希望别被儿子发现，我说这些是因为昨天的手工牛肉饼。这可能也是我想保住的最后的自尊心）。虽然我这是在教育自己的儿子，但同时也是想为世上所有的妈妈强化属于妈妈的权利，而不是女性权利。

经常能听到朋友们的抱怨。

昨天因为老公，我们又吵架了。因为他总是很快就吃完下桌了。我问她是因为你老公吃饭快吗？

她说不是。

朋友想让老公吃上热乎饭，所以上完汤之后就让老公先照看孩子们吃饭，然后回到厨房收拾剩余的食材；把锅里剩下的炒菜盛放到保鲜盒里当第二天的早餐；之后又赶紧刷锅，因为怕残渣凝固到锅上不好刷。等做好这些来到饭桌前发现老公已经快吃完了。等照看好孩子们吃完饭，就剩下她一个人孤零零地坐在饭桌前。

我脑补了一下这个朋友独自一人坐在饭桌前吃饭的场景，虽然很想问一下她是否也经常会出现类似手工牛肉饼这样的事情，但还是忍住了。

其实朋友心里还是希望老公能等她一起吃饭，一起收拾桌子，一起刷碗的，然而现实却很矛盾。如果老公等她的话，她肯定会说："赶紧吃，别凉了。"

因为妻子总是这么说，所以才导致丈夫饭一好就马上吃的情况。而这又是令大多数妻子会生气的事情。

刚开始是妻子因为丈夫明知道汤和饭很快会凉，可他还是会先忙完手头的事情才慢悠悠地来到饭桌前吃饭而生气。后来妻子总是说"先吃，别凉了"，所以又演变成了因为在自己上桌前丈夫先吃完而生气。总之，无论哪种情况都会令妻子生气。

于是我对朋友说："做好饭菜之后先不要上餐具。剩余的食材要么在做饭的过程中收拾，要么就等吃完饭再收拾。是担心食材会坏掉重要，还是你自己的幸福重要？这需要你自己来选择。老公肯定是不会改变的，那我们就得想办法让自己变得更聪明。"

是的，我一定不要过那样的生活。家里谁最辛苦？我又要决定吃什么，又要准备食材做饭，等这些都弄好之后我连一口辣炖带鱼都吃不上，只能吃点残羹冷炙，这岂不是太过分了。想想那些冷掉的剩饭剩菜吧，天哪，真不知道以前自己吃进去的是饭菜还是石头……谁都愿意吃别人做好的饭菜，我也想吃上热乎乎的饭菜，而且我也有充分的资格享受这种待遇。

我：妈妈，赶紧过来吃饭。爸爸、弟弟，把勺子都放下，等妈妈来了一起吃。

弟弟：这话都说了 30 年了，妈妈从来没听过。

我：所以我们就等一下妈妈吧。

妈妈：没事，你们先吃，要不饭菜都凉了。

我：妈妈！！！！！！

妈妈：好了好了，来了来了。

## 划分好孩子和妈妈的权利

每个人都有抓狂的时候，把这些情况集合到一起，场面会很壮观。

好不容易和妈妈同一时间坐下来一起吃上了饭，结果我俩都选择了先给孩子挑鱼刺，以至真正吃上饭的时候已经很晚了。由于儿子吃了好几块鱼，所以把米饭剩下了。

"这是你儿子剩的饭，你吃光吧。"

"不嘛，我已经吃饱了。"

"那扔了太可惜了。你就吃光吧。"

"妈妈，我吃胖了还得花钱减肥，那更浪费。"

每个妈妈都应该得到尊重。我觉得如果我吃了儿子的剩饭，那以后都会吃下去。儿子终究会结婚。即使妈妈非常爱弟弟，可妈妈家的冰箱、洗衣机、车最终都是我买的。能全身心照顾他们的只会是女儿，不会是儿子。总之，我不会因为扔掉剩饭可惜而去吃儿子的剩饭，虽然这不是什么值得炫耀的事情。

我得先懂得爱自己才行，这样才能得到子女的尊重。不在乎自己，只为子女着想会给自己印上不好的烙印，而我拒绝过那样的生活。我也希望我的妈妈，我的朋友，我的读者朋友们都能摆脱那种生活。因为世界上没有理所当然的事情。

## 极简育儿说

我喜欢吃鸡腿，但每次都会让给儿子吃，结果儿子就以为我不喜欢吃鸡腿。所以我决定不再让儿子有这样的误会，由此开启了改变自己的旅程。结果我选择了鸡腿套餐。不要让孩子看见我们吃他们的剩饭，要让他们多看到我们品尝自己喜欢的美食时的样子。这样孩子才能感受到妈妈的可贵，才会更加爱我们。

# 妈妈的情绪不要影响到孩子

佛系的人，在育儿过程中也能忍住不发火吗？我觉得不可能，总会出现令人火冒三丈的时候。这时我们需要深呼吸，在爆发之前尝试先忍耐十秒钟。也许这十秒会让我们平静下来。

即便如此，也总有那种无法忍受的时候。刚开始好声好气地说，不听。忍着怒气发出危险信号，也不听。最后在爆发之前咬牙保持冷静，结果还是没有效果。

所以我分析了一下出现这种情况的原因，答案是体力。儿子虽然给我的感觉总是精力无限，但实际上他也有累的时候。而当我累的时候和他累的时候正好赶在一起，战争就会不可避免地发生。

是呀，儿子体力再怎么好，也终究是个小孩啊，怎么可能会一直不累呢。他肯定也有感到累的时候。儿子每天都会从学校带回来一把沙子，可能连他自己都不知道，因为每天回来他的鞋里都会有很多沙子。这么辛苦地搬运沙子怎么可能会不累呢?

我很敏感,而且自身的毛病也很多。体力不好,生完孩子就得了甲状腺功能减退症,需要一直吃药维持。我很容易会感到累,还怕冷,最重要的是掌握不好理性和感性的平衡……

所以,我俩都累的时候就很容易爆发战争。虽然看起来都是儿子引起的,但实际上我也很内疚。

## 累的时候怎么办?

深思熟虑之后我随身准备了一个小镜子,还买了个耳机。我需要能窥视到我内心深处的镜子和能听到我心声的东西。以前每次照镜子的时候都在关注我的妆花没花,需不需要补点口红,牙上有没有粘上辣椒,却从来没有试图看一下自己的内心。原本应该静下心来倾听自己心声的时候基本都在听YouTube的课,再就是听有声书,这也是我的问题。这样导致的后果是我累的时候就会冲儿子发火,真的很对不起他。

但我从来没有想过从自己的角色中跳脱出来。忙碌的一天结束了,我拖着疲惫的身体回到家。不知为何,周身充满了抑郁感和压迫感。我深知如果以这个状态面对儿子,肯定又会和他吵架,最终两败俱伤。所以一进门我就对儿子说:"儿子,妈妈今天因为工作上的事有点累了,需要休息一会儿。你先自己待一会儿。妈妈不是因为你才这样的，你不用担心哈。"

那天，我把房门关上平躺在了床上。

虽然到了晚饭时间，但我还是决定先暂时放下我该尽的义务，先不准备晚餐。公司都有年假、节日假、产假，还有半天假呢，所以我偶尔不做晚饭不也很正常吗？妈妈在家里也是可以休半天假的。先把自己调整好，然后才有力气养育儿子。

我就这样躺在床上听歌。流行、爵士，什么风格的都听。就先这样吧，先调整好自己。这样想着，我原本蜷缩的身体渐渐舒展开了，纠结的心情也好了很多。虽然也有想流泪、想骂人的时候，但通过自我调整，紧张僵硬的身体像冰一样渐渐融化。

## 要告诉孩子自己生气了

有时候，我也会因为儿子的行为发火。通常这种情况我会对儿子说："儿子，妈妈现在因为你很生气。可我不想批评你，也不想发火。所以妈妈要先冷静一会儿，不要打扰我。"

发火、责骂、打孩子并不能解决问题，也不能起到纠正孩子错误行为的作用。很多专家不都说嘛，深呼吸也无法让自己冷静下来的时候，就躺在卧室的床上享受一下不被打扰的时光。

结果有一天，儿子和我说："妈妈，我今天心情非常不好，需要冷静一下，不要打扰我。"

儿子周围的冷空气如同那天刮的冷风。

"好的，知道了。那你需要多久呢？"

"不知道，大概十分钟吧。"

"行，知道了。"

孩子在他的房间冷静期间，我只是安静地等着他。看他差不多该出来的时候（他虽然说十分钟，但实际上会更短，有时四分钟，有时七分钟），我到厨房煮了方便面。

闻到方便面的香气，儿子出来了，他看起来好幸福。

## 极简育儿说

有一天晚上儿子突然和我说："妈妈，你是累了，还是我做错什么了？你这种表情我都不知道自己该怎么办了，心脏跳得很快。"

"啊，是吗？对不起儿子，妈妈是有点累了。"

"这样啊。那你休息一下，我守着你。"

儿子一扫脸上的阴霾。之前他还担心是不是因为自己做错了什么才让妈妈露出这样的表情，当知道不是，他立马像个小大人似的安慰我。很感谢他，不是因为他会察言观色，而是因为他能把他的感受告诉我。

很多专家不都说嘛，深呼吸也无法让自己冷静下来的
时候，就躺在卧室的床上享受一下不被打扰的时光。

# 幸福的生活是不和别人比较

孩子从降临到这个世界到抱他回家之前的这段时间，是最令人感到快乐和感恩的。而从和孩子一起回到家的那一刻起，估计所有的妈妈都会开始做相同的事情，那就是加入妈妈群，不停地搜索育儿信息。

从孩子出生的那一刻起，妈妈们就会明里暗里地和别人家的孩子做比较。我家孩子的身高、体重、头围、腿长是多少多少，比别人家的孩子走路晚会担心，说话晚会担心，睡多睡少都担心，吃多了担心，吃少了也担心，所以每天都会发帖，然后查看留言进行比较。

时而放心，时而紧张，时而哭，时而笑。

因为是新手妈妈，什么都不懂，加上孩子太小，所以出于对孩子安全的考虑，即使很小的一件事情都会令她们担心不已。

"我家宝宝好能吃，一顿能喝 250 ml 的奶，不会有什么问题吧？"

如果发一条这样的帖子，你会发现下面的留言有的说"不用担心，我家孩子一顿能喝 280 ml 呢"，有的说"我家孩子喝 200 ml 都困难，好担心"。有时候感觉就差把拉了臭臭的纸尿裤图片发上去了（还真经常看见类似标题的帖子，浏览量比想象的要多很多，庆幸的是图片很快就删掉了），哈哈哈。

十年前我也有过这样的生活。其实孩子睡觉的时候我也应该补补觉，但因为担心过度，所以基本都会坐在电脑旁查找信息。刚开始的时候还把这些信息当成是我生活的快乐源泉。当某个方面比别的孩子好的时候我会很幸福，反之则会很生气。慢慢地，我自己走进了忧郁的沼泽。

没几个月，我的黑眼圈就变得非常严重，突然我醒悟了：原来就是因为这个原因才让我这么累的呀。我家宝贝和别人家的孩子有什么关系呢？我为什么要把他们进行比较呢？现在孩子状态很好，能吃能睡；而我则需要好好补觉。孩子不舒服的话会哭，而且凭借妈妈特有的直觉，我也能看出来。要相信自己，不要再坐在电脑前自讨苦吃了。

从此，我再也不上论坛了。

## 不要拿自己的孩子和别人家的孩子做比较

想明白了以后，我有时甚至会忘记领儿子去做健康体检。健康体检是对孩子发育情况的检查，等孩子大一点之后会发现，这个体检对我们家长来说也没有什么特别的帮助或者必要。

问诊表需要我们确认的项目都是形式上的，有些会比孩子的实际月龄快，有些会比实际月龄慢，我们没有必要为此焦虑或沾沾自喜。孩子都有自己的生长节奏，我们只需要尊重每个孩子的生长规律就好。

如果因为头围过大、身高低于平均水平、体重过低等原因担心，那我们就极易被这些指标给拖垮。所以，为了内心的平静，也可以说是因为自己奉行偷懒主义，我开始不那么在乎孩子健康体检表上的那些确认事项了。

我的内心从此风平浪静，舒畅无比。而且，也没有人会因为我落下一次体检而责怪我或者罚我酒。我反而获得了更多自己的时间，而且也成功地从毫无意义的担忧中解脱了出来。

等孩子稍微大一点，就又开始比吃，比穿，比看，比学了。什么时候开始识字？需要准备什么学具？给他看点什么来学习英语？文体方面需不需要学点什么？游戏课哪里做得比较好？文化中心怎么样……没有一样是不比的。

生活开始变得疲惫不堪。对孩子的教育问题没有做过任何努力的我在别人眼中似乎成了个懒人、怪人。我有我自己的育儿哲学，我认为在育儿的过程中，就得让他像个孩子那样长大。虽然我并不否认经验的重要性，但有些过度的经验反而会阻碍孩子的成长。我知道，我尝试过后肯定会说："那些我都做过了，没什么用，也挺没意思的。"

我不想为了领儿子去文化中心上几十分钟的课而特意打扮自己，因为我不可能穿着家居服素颜带孩子去那里。否则别的孩子的妈妈会看不上我，我儿子也会受到同样的待遇。孩子会感觉自己没有从妈妈那里得到爱。

其实，并不是我自己为之烦恼。孩子也得换上在别人看来牌子还不错的衣服，虽然穿起来并不舒服，这对他们来说也是一种煎熬。而且，如果漂亮衣服上面弄上什么脏东西，我会怒火中烧，在心中大喊：这衣服可贵了……

经此一番折腾，孩子坐在安全座椅中很快就进入梦乡。学费不能扔掉，我付出了这么多也想得到补偿，又不能就这样回家，所以叫醒孩子。可即使我很小心地叫醒他，他还是哭了，于是我的第二波怒火来了。

因为孩子吵着要零食所以险些迟到，进入教室后却对昂贵的教学内容一点兴趣都没有，还不听老师的话，全部精力都放在了毫无用处的箱子上面。箱子！竟然只关注箱子！我的第三波怒火来了。

别人的孩子都努力学习，我的孩子怎么会这样？感觉我整个人都不好了。回家之后是不是还得给他弄点什么练习题之类的做呀？要不找个家教？无谓的忧虑又开始作祟了。所以，路上收到的教辅材料宣传单再也不扔了，超市里给的学习样品也都拿回来开始进行研究。

对于正处于这种焦虑状态的家长，我想说的是："我们都希望自己的孩子能成为人中龙凤，但是你听说过天才会做习题集的吗？没有吧。真正的天才是天生的，而不是后天训练出来的！"

## 有时需要和所有人断绝联系

我和所有不利于我育儿的人断绝了联系。我觉得和儿子朋友的妈妈们见面或者聊天并不会让我感到生活幸福，所以我果断地和她们断绝了来往。

孩子之间是朋友，并不代表我一定要和他朋友的妈妈成为朋友。我不想和她们一起把孩子们从头比到脚，然后回来教训一顿儿子，让孩子难受。所以我开始避开那些喜欢比较的妈妈和总是会带新信息来的妈妈们。我需要重新建立我的人际关系。

就在这时，我得知了图书馆的读书分享会。我们通过书籍来分享收获，没有比较，心情舒适。可能因为分享会的成员大都有一些年纪，孩子最小的也都上高中了。

和她们在一起，我问了有关孩子青春期和我自己更年期的问题，虽然这些离我们娘俩还有些年头。我和她们分享孩子的就业问题，虽然离儿子就业还有 20 年。我还和他们聊了现代年轻人的生活，不是电视节目演的，而是真实生活中存在的那些事。

我对她们来说不是比较的对象，只是个小她们很多的小妹妹，所以能够听到真实的情况，进而更加坚定了我的育儿哲学。

此外，通过上父母课堂我还结识了一些和我年纪相仿的父母。

我们一起阅读，然后分享感想。我们会很自然地聊到自己的孩子，但从来不进行比较。我们都有竞争心，但谈论更多的并不是孩子。孩子的问题我们从不拿到桌面上来谈，这让我有了一种解脱感。

如果用我的尺子去测量孩子，那么我俩都会变得不幸福。我决定把和别的孩子比较的力气都用在自己身上。通过比较让自己变得更强，更优秀。我还要成为跳出井底的青蛙，到更广阔的天地里去。

我生活的主角不是孩子，孩子改变不了我的生活，我希望他充其量也就是出镜率比较高的过客。完成养育任务的姐姐们都异口同声地对我说："什么都是浮云！"

## 极简育儿说

让孩子感到憋屈的妈妈能够获得幸福的概率有多少？不要把能量都用在孩子身上，也留一部分用在自己身上。妈妈充满能量，孩子自然也就有力量了。

# 掌握好妈妈和孩子各自生活的平衡

　　我的生活离不开儿子。但我感觉妈妈这个身份就像是盛夏时节穿的无袖连衣裙。为什么这么说呢？

　　如果人的寿命是 100 岁，那么我们可以把人生比作四季。1 岁到 25 岁是春季，26 岁到 50 岁是夏季，51 岁到 75 岁是秋季，76 岁到 100 岁是冬季。我现在正处在哪个季节呢？从 28 岁开始，再过 20 年左右的时间，等我近 50 岁的时候，我的妈妈生涯就会结束，这段时间只不过是人生的一个季节而已。

　　其实等孩子上了高中，妈妈的作用也就是给个零用钱，不会再有太大的作用了。所以说妈妈这个称呼对于我来说就像是盛夏时节穿的无袖连衣裙。我也需要准备一下我的秋季和冬季，我也得照顾一下自己了。

　　我发现，从我做所有的事情都是为了儿子开始，我就已经忘记了其实自己的生活也很宝贵，同时也明白了我的私心很有可能阻挡儿子的幸福。无条件的牺牲是对自己的犯罪。我们所需要的不是对孩子施予过度的母爱和照顾，而是需要学会控制好自己的私心。

## 让孩子学会独立

我决定暂时不再给儿子买昂贵的衣服了，等他懂得这些衣服的真正价值的时候再说。可这并不是说我是个只考虑自己的妈妈。我决定以后平时晚上不出去和朋友约会了，因为我不想破坏儿子九点钟睡觉的习惯。生活的节奏总是被破坏会直接影响孩子一周的学校生活。

我不给儿子收拾书包，因为我不想等他过了 30 岁还在为他准备袜子和内衣。自己能做的事情都让他自己做。所以儿子现在在这些方面做得很好。

我不会毫无理由地给他买玩具，想要玩具必须说出三个理由。为了得到玩具，儿子会开动脑筋想理由。

我决定不再做自以为是为儿子幸福着想的事情。儿子兴致勃勃享受电视时光的时候我也可以放下家务去看书，写作。用给儿子买衣服的钱，给自己买双鞋子。这样就不会发生因为儿子把昂贵的衣服弄脏而责骂他的事情，穿上新鞋走路感觉变得淑女了。儿子自己准备上学用品后，不用再听我的唠叨。而我

也不用再啰里啰唆，面露凶相了。至此，能导致我们母子关系
变差的理由都消失得无影无踪。

我们，不，是我在通过试误法来掌握生活平衡的同时开始
制定属于自己的规则。

"工生平"是指要掌握好工作与生活的平衡。那何谓"母
子平"呢？难道不是应该掌握好母亲和子女之间生活的平衡
吗？现在我的母子平好像已经达到了５∶５的水平，实现了
人与人之间生活的平衡。

## 极简育儿说

曾经是妈妈小跟班的孩子从小学四年级（早的话
四年级上学期，晚的话四年级下学期）就希望和妈妈
保持一定的距离了。我教的那些孩子有些心里话虽然
不会当面和自己的妈妈说，却会和我说。和孩子保持
距离也是能够维持好与孩子之间关系的一种选择。

　　我的生活离不开儿子。但我感觉妈妈这个称呼就像是盛夏时节穿的无袖连衣裙。

# 向孩子表达自己的爱意

随着年龄的增长，我们不断经历与自己所爱的人的生离死别。这次是我的姨夫。得知姨夫生病的消息，我们来到了医院。其实我和姨夫并不算亲近，但和姨妈的关系非常好，而且我和表姐同龄。

"啊，我已经到了需要经历这些事情的年龄了啊！"

几天后传来了噩耗，我和表姐在殡仪馆再次相见。失去至亲的伤痛如何能衡量？我又能说出什么安慰的话呢？

在那种场合，我毫无理由地哭了出来。

"呀，不知道的还以为你是女儿呢。"

我没有回答表姐的话。

"姐姐很伤心吧？哭出来吧，哭出来也没关系的。你觉得什么事让你最伤心？"

"都让人很伤心。但最让我介怀的其实是很多小事。有的是犹犹豫豫还没有做，有的则是做过了却很后悔。这些小事简直能让人疯掉。"

"啊……这样啊。"

我很小的时候有一次去朋友家玩，却很偶然地经历了朋友爸爸的离世。那是小学二年级的时候，我们谁都没有想到那竟然是最后一面。我和朋友那天玩疯了，她爸爸说困了，要睡一会儿，我和朋友就关上她爸爸卧室的门，去朋友房间继续玩。

不知道是过了多久，十分钟？二十分钟？一个小时？那时我和朋友对于时间还没有概念。那是过了多久呢？朋友的妈妈和我妈妈逛街回来了，突然听到朋友妈妈大声疾呼："老公！老公！你起来呀！"

渐渐地，呼喊变成了痛哭，那是最后一面。妈妈跟着掉下了眼泪，我也哭了，还很害怕。我和妈妈说赶紧回家。

"妈妈，爸爸还活着吧。爸爸是说困了，要睡一会儿吧？"

回家的路上，我后背直冒冷汗，吓得一直哭。

现在，不知不觉我参加婚礼和葬礼的频率差不多了。有时我会去参加朋友父母的葬礼。偶尔我也会听到关系不是特别亲近的朋友的最后问候。

谁能提前准备好最后的问候呢？

"再磨蹭一会儿就要迟到了！快走吧！"

"嗯。知道了！"

"咣当！"大门关上了，儿子消失在了我的视线中。天哪，万一这是和孩子的最后一面呢。谁能保证不是呢？每次和儿子或者父母分开的时候，我都在担心会是最后一面。我下定决心以后不管有多生气，多上火，在分开以前一定要冰释前嫌。

有了这个决定之后，我能够控制好自己的情绪了。儿子即使快迟到了我也不生气。

"每个人都有迟到的时候，有时候就是想迟到一次。"

我会和去上学的儿子说："儿子，妈妈爱你，好好上学。"

我希望儿子记得我最后的样子是我笑着说爱他。当然，我更不希望这是最后一次。不管怎么说，我会把所有的怒火强压在心里。

有一天，儿子上学的时候我忘记和他打招呼了，便急忙穿上鞋背上包往外跑。

这时，儿子坐着电梯又上来了。我心想：这家伙又落下什么东西了！

心里虽然这么想，但我还是尽可能温柔地看着儿子说："少带了什么吗？"

"妈妈，我爱您，我上学去了。"

"嗯，好的，儿子……"

"咣当！"

"……我爱你，儿子。"

"我爱你"这三个字，被淹没在了电梯叮咚的声音和大门咣当关上的声音中。感谢儿子，我们能在分开的时候互道一句"我爱你"……

## 极简育儿说

有了孩子之后总是会担心，原本天不怕地不怕的我开始因为孩子怕这怕那。有时甚至会突然出现如果我死了可怎么办的想法。现在说生离死别这个话题似乎有些早，但天有不测风云，人有旦夕祸福，我们要把每一天都当成最后一天去生活，去向想表达爱意的人说句"我爱你"。

# 结　语

## 极简育儿，减轻妈妈的负担

一天下午，我收到了儿子发来的信息。

"妈妈，我已经到家了。"

"好的，宝贝今天辛苦了。对了，儿子……今天晚上我可以让同事来咱们家做客吗？"

"好的，妈妈。我现在就开始收拾屋子。等我收拾好了就给妈妈打电话，电话铃响三声我就会挂掉，到时候妈妈就带着同事回来吧。我收拾好之后会冲个凉。"

"啊……好的，知道了。就这么办吧，谢谢儿子。"

"嗡嗡嗡。"

电话震动了三次之后安静了下来，这是儿子发出的信号。看来他已经收拾好屋子了，以后可不能小看他了……

我和同事走出电梯后小心翼翼地打开房门，哇，感觉像是进了别人家。地板上的乐高玩具消失得无影无踪，客厅的茶几也收拾得干干净净。如之前约定的一样，儿子正在冲凉。

"看来下次可以让他用吸尘器好好打扫一下卫生了。"

　　在儿子成长的过程中，我也在快速成长。我是个提倡极简育儿的妈妈，所以我不会让儿子什么事都应付，也不允许自己应付生活。拥抱代替固执，行动代替话语。我和儿子相互给予养分，共同茁壮成长，这是最令我感到骄傲的。我喜欢这样的自己，也以这样的自己为傲。

　　我们首先要学会爱自己，希望大家都能爱自己，以自己为傲，这样在育儿的道路上才能做得更好。

　　我还想和阅读此书的妈妈们说，不要因为育儿这个问题备感压力，也不要觉得孩子的不足都是自己的错，希望所有的妈妈都能放下妈妈这个身份带来的包袱。极简育儿法可以让妈妈和孩子的生活变得更加幸福。